一個人漫遊，古典森林

遇見陶淵明、杜甫與李白、李商隱

簡媜

目次

一個神慕戀一個仙的故事
——當杜甫遇見李白

一生苦霧——指認多情男子李商隱

【序】

隱藏在詩歌肌理內的人生

1

已遠去的灰霧時光，兩年多，有四位詩人陪我度日。陶淵明、李白、杜甫、李商隱，分別是詩帝、詩仙、詩聖、詩魔，彷彿約定般依序降臨在我的書桌上，巍峨古典森林裡的千年神木，庇蔭著我。鬱鬱蒼蒼的綠意無所不在，引我沉醉在詩的大自然中，就這麼漫遊起來，遠離了霧濛濛的現實。

2

剛開始是帶著一點驚嚇的。用兩三年時間完成一本書，已成為我這個嚮往長途跋涉、創作馬拉松老選手的配速模式與案頭紀律。二〇二一年春天，小說《十種寂寞》出版後，關閉書桌，去與現實這頭猛虎搏鬥，待把虎皮釘在牆上回到書桌，已是秋涼時節。新計畫執行得還算順利，寫到三分之一路段，忽發奇想，好奇文豪們當起爸爸是什麼模樣？挖出左思〈嬌女詩〉來讀，讀了〈嬌女詩〉當然要讀李商隱〈驕兒詩〉，更不能漏掉陶淵明〈責子詩〉、杜甫幾首寫兒子的詩、蘇東坡〈洗兒詩〉等。

我忽略了一件事，像我這種體質的人不宜輕易翻開古典詩集，會中蠱。果然，原本只打算寫一篇數千字結案，竟不知不覺迷進去。塵封幾十年、原以為今生不會再碰的《中國文學史》、《世說新語》、《資治通鑑》、《靖節先生集》、《杜詩鏡銓》、《玉谿生詩集箋注》被抽出來，又新購數冊熱呼呼的專書，雞翅木長條櫃上攤滿書與資料，愈讀愈覺得疑點重重，讀書筆記愈記愈厚。待我如夢初醒，發現自己興起正義感替左思洗刷「醜」名寫了〈奉醜之名〉，彙整杜甫的慈父形象寫了〈文豪爸爸和他的兒子們〉，想弄清楚陶淵明爸爸為何罵兒子結果寫了〈造夢土的人〉，超過四萬字，李爸爸、蘇爸爸還在後面排隊呢。離原來的寫作計畫，已經隔了一個山頭。

獨自越野跑步的人赫然發現自己跑錯路，那種驚嚇的感覺，應該就是我如夢初醒後的模樣。

困在古典森林，問題變成：回去，還是繼續？但是，慢著，為何當回去原路的念頭出現時，我竟有依依不捨的感覺，彷彿當年離開文學院時，彷彿必須與一座夢境森林揮別。

或許這就是創作的樂趣。發現新的主題意識，被一股莫名的力量勾引，去閱讀、思考、鑽研。捕捉到那一股力量是什麼，同時也發現自己為何被吸引，在這種雙重發現中覺察到自己非寫不可。如果沒有理解到為何被吸引，在漫長執行寫作計畫的過程中很有可能撐不下去，會自問寫這些有什麼意思？當掌握了為何要寫的那把鑰匙，意味著一個作家，對所捕捉到的主題有了承諾；這個承諾的對象不是讀者，是自己的創作身分與那一個使你成為作家的最高存在之間的事。接著，自己與書寫對象出現神祕的結盟關係，以及共伴效應。

創作活動中有時會出現「狂喜時刻」，我體驗到的狂喜時刻就是「裂變」。完全超乎原先設定，創造力無拘無束地噴發，像另一個人來附體，對自己進行修改甚至推翻原案。在書桌上自成興衰榮枯的小宇宙裡，裂變之激烈，自我推翻之必要，勢不可擋。

我決定繼續前行。理解自己感興趣的是生命、人生與作品而非僅是父職角色，遂化成一泓清泉，流過千年古木聳立的森林，去見識我未曾仔細觀看的風景。彷彿重新回到文學院中文系課堂，只不過，這間教室只有我在，沒有老師沒有同學，我召喚遠去千年的詩人：「來吧，我在這裡。」一個白髮蒼蒼的老學生，年紀甚至比這些詩人死時還大。重新閱讀詩作，見過滄桑的眼睛已經可以輕易看出，隱藏在詩歌肌理內那個千瘡百孔的人生。

終於，從驚濤裂岸到風平浪靜，萬事萬物各得其所，無不莊嚴靜美。

3

漫遊詩的古典森林，隨處發現可喜之事，辨識、解惑，沉浸式地把自己放在這森林裡呼吸、冥思，生起歡喜心。彷彿重新與老朋友相聚，即使一顆心有了猛虎抓過的爪痕，卻還是熱的，還沒有失去詠嘆的能力。

這是一本依附在古典詩歌的申述型（詳細陳述）散文，非論述型學術研究。學者背後是「學問」家底，作家背後是「人生與創作」家底，觀看的眼光不同，感興趣的「穴點」也不一樣。我看他們，自作多情地，當作曾有一世我經歷過他們的人生，用那份同理心重新讀詩、認識詩人，獲得年輕時未曾體會的感動。這一番重新學習使我更精簡地整頓作品，刪除左思與杜甫那兩篇著意探討親子關係的文章，把重心放在，詩帝陶淵明如何在蠻荒政局中墾拓那一方夢土，詩聖杜甫與詩仙李白如何成就千年一遇的高貴情誼，詩魔李商隱如何在悲劇性一生中完成他的刺鳥哀歌。

有兩個在我心目中一「祖」一「神」等級的人未能入列，屈原、蘇軾，他們的人生與作品太龐大無法擠進來，留待下一次迷路吧。

4

那些風暴中難行的日子雖已遠去，記憶仍然深刻。彼時疫情尚未結束，忽然間，兩張重大傷病卡、一張骨折斷層掃描送到面前。三人先後被推進兩家醫院開刀房，該切除的切除，該灌泥的灌泥，自此三個病人兩家醫院數個科別，穿梭於急診、加護病房、普通病房、放射治療室，形同上班。

那期間，陪著我的是陶淵明。

猶記得手術前一夜，被「挨刀者」趕回家好好睡一覺次日再來相伴，其實是好好沒睡一覺。次日清晨，依照慣性打開電腦點開稿子，心中憂慮著關於手術的種種不安，忽感，能坐在電腦前繼續追隨陶淵明是多麼幸福的事，能平安地完成心願是多大的恩賜。想著陶詩中的歡然、欣然、悠然有何不同，想著縱浪大化不喜不懼是什麼境界。稿子版面上一條等待被敲打的小線段閃動著，竟無一字。關閉電腦前，看著自己訂的題目「造夢土的人」，對於必須重回現實與多頭猛虎搏鬥並無怨言。人生也到了見水搭橋、逢山開路的地步，水裡有倒影，山路有風景。

直到可以寬心喘息時刻，才發覺存在於書寫者與書寫對象之間的共伴效應是，書寫者對千年前詩人說：「來吧，我在這裡。」願意理解他們的人生，與此同時，詩人們也進入我的人生成為力量，彷彿前世有約，說：「來吧，我們在這裡。」

5

許多可敬學者們的研究幫助我把握古典世界、偉大詩人的諸多關節，若仍有疏漏，當然是我學淺所致。葉嘉瑩先生全套論詩講詞評論集滋補我甚多，洪業先生《杜甫——中國最偉大的詩人》帶給我最痛快的閱讀享受，劉學鍇、余學恕先生《李商隱詩歌集解》伴我四個多月既燒我腦又奪我心，讀完意猶未盡。三民書局藍皮書古典系列供我快速查考典故。好友戲曲學者李惠綿教授協助我判讀音韻、提供即時解惑服務；她正在注釋、析論艱深的明代戲曲音韻學家沈寵綏《度曲須知》，與之結盟共伴、朝夕相隨。她長期鍥而不捨的研究精神與嚴苛的自律，讓我見識到學者的另一面是戰將，除了勝利只有倒下，案頭即是沙場。

二十二年歲月專營文學、出版千本以上書籍，成就了「印刻王朝」。謝謝這家非凡出版社包容這一本不知讀者在哪裡的書。老初、一鯉、健瑜，總是給我完全的自由與協助。

每次晨間運動之後，有一段不拘形式的禱告時間，善知識與讀者都在禱詞內，感謝他們鼓舞我、成就我，我總是祝禱他們健康平安。

二〇二四年八月於臺北

造夢土的人

——我所認識的陶淵明

名字像謎

有位詩人算是老朋友，君子之交淡如水，越是重要的君子越容易被遺忘。卻總在人生特殊時刻想起，如同獨自在山谷迷路且負了傷，山林鬱鬱蒼蒼透不進日光，四周有猛獸吞吐的氣息，你低聲喚他名字，他便來，指引你去千年前他開闢的夢土。山高水長，路徑在古老森林中忽明忽滅，你害怕，他說何懼之有只需堅定方向，夢土在黑夜復白晝之後的遠方。

他是陶淵明（三六五—四二七），全長六十三年生命線段，落在跨越東晉、劉宋那段山崩地裂、崛起與殞落、忠臣與叛徒僅在瞬間的歷史土石流裡，猶如一條白手帕掉進泥塘。

這是命。他的境遇坎坷，沒交上好運，一生逆水行舟。寫了一輩子詩，逝後百年，上天還他公道，出現第一位也是最重要的知音，梁昭明太子蕭統，這位三十一歲即逝的皇太子愛上他，寫著：「余愛嗜其文，不能釋手」，甚至恨不得跟他同時代、共交遊。文學國度裡勝過血脈的知己關係是唯美故事，蕭統沒能繼承王位為帝，卻以心靈後裔的身分為他編文集、寫傳記，讓他在詩歌古帝國稱了帝。但蕭統寫傳時已不能確定名字，只寫：「陶淵明，字元亮。或云潛，字淵明。」一個人怎有兩個名字而且差異甚大？從此他的名字變成謎題困擾後代學者，紛紛爬梳史料、推敲詩文，提出幾種具有數學趣味的排列組合：

1 陶潛，字淵明。

2陶淵明，字元亮。
3陶潛，字元亮。
4陶元亮，字深明（唐避皇帝諱，改淵為深）。
5陶淵明，字元亮，小名潛。
6陶潛，字元亮，小名淵明。
初步統計史書、專書所述，以1（陶潛，字淵明）票數最多，2（陶淵明，字元亮）次之。為何連最簡單的名字都糾纏不清，說法有二：
一、「改名說」。他改過名，「潛」、「淵明」都是名。沒犯罪也不是通緝犯，好端端地為何改名，學術偵探們提出解釋，有兩種說法：
1在晉時名潛（字淵明），入宋後改名淵明（字元亮）。
2在晉時名淵明（字元亮），在宋改名潛（字元亮）。
兩種說法差別在哪個名先、哪個名後及「字」的選擇，改名動機是「自別於晉、宋之間，而微見其意」，因為改朝換代所以改名。其中又以第二種說法較受歡迎，之前叫「淵明」，充滿光明，不認同新朝代改名「潛」，藏起來眼不見為淨。此說含有政治抗議精神深具說服力，我當學生時老師就是這麼教，我也全盤接受。如今閱歷稍豐，看事情的角度變得多向有時也多疑，眾口所稱與孤雁哀鳴，都有可能說中事實。專家是解謎者，提出合乎情理或戲劇性想像的解釋，但不見得就是真相。

二、「小名說」。這派主張沒改名而是有兩個名，其中一個是小名。至於哪個是正名哪個是小名，岔路又出現，也有兩種說法，如5、6所示，看法相反[1]。

如果讀到這裡還沒有不耐煩，不妨拿個瓷盤像到自助餐檯夾喜歡的菜，淵明、潛、元亮，自己組合。至於我，被他的名字困擾兩日夜本想置之不理，但閒著也是閒著，微生窺探之趣，一道謎沒解出不甘心，不禁往下多想。

因改朝換代而改名合理嗎？不合理。

東晉、劉宋於西元四二〇年易代，此時陶淵明已五十六歲，隱居躬耕十五年了，過的是無人聞問、貧病交迫的眼前日子，地境心境都遠在天邊，還會有熱騰騰忠貞於晉室的血氣去改名嗎？晉末那幾個不像樣皇帝值得他一個白髮老農把名字改掉嗎？

即使改名之說可信，我認為最有可能促使他改名藉此表明心志的時間點，應該是四十一歲寫〈歸去來兮辭〉辭彭澤令決定隱居的時候。再者，如果改名的時間點落在決定隱居時，「潛」、「淵明」孰先孰後？一般認為由「淵明」改為「潛」，合乎隱居潛藏之意。但是，逆向思考，難道不可能是由「潛」藏不明改成真相大白的「淵明」嗎？

然而，我不支持「改名說」。「小名說」第6：「陶潛，字元亮，小名淵明」深獲我心，理由如下。

一，魏晉單名為多，他的祖上皆是單名：曾祖陶侃、祖父陶茂、父陶逸。他給五個兒子命名亦是單名：陶儼（字求思，小名舒）、陶俟（小名宣）、陶份（音「彬」，小名雍）、陶佚（小名端）、陶佟（小名通）。字之外有個小名，似乎是陶家習慣。

其二，一個人不管有幾個名字，命第一個名的應是他父親。其父陶逸，據他描述是個「淡焉虛止。寄迹風雲，寘茲慍喜。」的人。生性恬淡處事清虛，不管外面風雲詭譎如何劇變、世局顛盪怎麼翻覆，都能淡然處之不喜不懼。這般具道家思想、清靜無為的人給兒子命名，選擇「潛」的可能性大於「淵明」。

其三，從〈命子〉詩自述家世、崇敬祖上功德，詩中有「三千之罪，無後為急。我誠念哉，呱聞爾泣。」見出身為獨生子的他是一個重視家族傳承、以祖先為榮的人，這樣的人不會輕易改去父親所賜之名。除非，他的父親犯罪讓他引以為恥，除非他是政治狂熱分子，否則大丈夫行不改名坐不改姓。

其四，依照詩文作品自述性格與愛好判斷，他是個向內追求重視內在世界豐饒性的人，不像會受外在事件牽動而毅然改名。其詩有個特色，多組詩，如〈形影神〉三首、〈歸園田居〉五首、〈飲酒〉二十首、〈讀山海經〉十三首、〈詠貧士〉七首、〈擬古〉九首……這些作品顯示他喜歡深掘式的構思習慣，題材大都圍繞田園躬耕、家居生活、讀書繫志、詠古寄懷，極少涉及當代政治。翻查文學史，在他之前文人雅士改名者未有紀錄，可知這是大事，如果真有必須改名的心理轉折，以他連宅邊五棵柳樹、朝開夕落木槿花、種豆南山、採菊東籬都寫入詩文的人，此等大事竟無半點筆墨，極不合理。每個創作者都有偏愛的題材及創作慣性，什麼題材入什麼人的眼，哪個詩人對哪件事有興趣，從其作品顯露的選材愛好、創作習慣庶幾可以推理。舉例來說，若有高人號稱釀出天下第一醇酒，邀名士共飲同醉，這種事左思沒興趣，陶淵明半夜就會跑去，他光想「醉」這個字就魂飛了。劉裕篡晉改朝換代，若杜甫生在此時，以他獨具「詩史」之眼，有可能痛心疾首而動念改名，至於拿鋤頭掘地「晨興理荒穢，帶月荷鋤歸」一把老骨頭腰痠背痛的陶淵明，他老早超越這些。堅持說他入宋後更名「潛」的可敬學者們，我能理解這種政治浪漫情懷但難以贊同，我透過詩文認識到的陶淵明沒興趣做這種事。更進一步推敲，如果有改名，晚年寫〈與子儼等疏〉給兒子們的信時已屬劉宋時期，老爸爸與子言志並訓戒，是不是應該跟五個兒子交代一下這份不共戴天的「忠貞」，沒寫！支持「改名說」的學者難道不覺得蹊蹺，有人改掉自己名字對外不講對內也不說一個字也不提，鬼鬼祟祟地，那為何要改？

其五，以下情節純屬大膽假設無法求證：陶家有雙生子，長子潛、次子淵明，不幸次子早夭，從此兩名同在一身，對外曰潛在家喚淵明。可能嗎？有可能，陶淵明的三子阿雍、四子阿端就是雙胞胎，他家有此基因。

總結，我認為他沒改名，「陶潛，字元亮，小名淵明」。猜想他娘是這麼喊的：「阿明，池塘水深別往前走，快回來！」從小家族都這麼喊他，所以他為外祖父孟嘉寫傳及祭妹文中自稱「淵明」，合情合理[2]。

以上純屬立論無據但自認推測有理。名字謎題留給專家頭痛吧，他的字「元亮」音同「原諒」，好似預先向後世研究者致歉。我們不傷腦筋，習慣叫他陶淵明、陶淵明，彷彿看見他住在人跡罕至的深山瀑布旁，門前幾畝不瘠不肥土地，晴耕雨讀，寫詩時桌上有一壺濁酒，忘記他已經一六五八歲了。

一六五八歲，活在文學史裡的人，也有過紅塵撲面的人生吧。

這樣一想，「陶淵明」不再是冰冷符號，瞬間有了日常般的交集；好像是留在手機聯絡簿裡很久沒聯絡的人或是臉書時常跳出的建議加好友。不知把我們這一生綑綁得好辛苦的繩子是否也捆綁過他——料想他有一張很有個性的臉，眼睛不大但眼神清澈，不愛笑但笑起來真摯——而他，用寫滿字的紙摺成一把詩刀切斷繩子，還是拿酒泡蝕了它？

不適合上班的人

職場經驗短的人有個困擾，寫履歷時頗為苦惱；只待四個月通過試用期即揮別的那家公司該算嗎？只接過幾件案子的那家能寫嗎？以我為例，正式列入員工名冊、支薪享有勞保健保的公司僅三家，待最久的只三年，總共八年不滿，其餘屬曇花一現的創業夢境、漂來游去的職場浮萍。跨過三十四歲門檻離開最後一家公司後，凡是文學領域相關需求用「專業寫作」餵飽所有空格，對外用「自由業」打發沒有惡意也不懷好意的職業欄調查。比較苦惱的是「頭銜」，其他行業裡「主任」、「經理」乃一般人熟知的職稱，能與「自由業」相連且合理的頭銜是什麼？填「作家」是誠實的答案，但我不想讓人知道我是作家，原因出在本性習於隱藏以及拙於解釋，填「作家」的後遺症是接著要打一小段既尷尬又無趣的乒乓球：妳是作家？寫什麼？散文是什麼？怎麼不寫小說？妳認識常上電視那個某某作家嗎？有出書喔？哪個出版社？賺很多錢？我被拷問時通常會出現慚愧表情，好像沒出很多書、沒寫小說、沒賺很多錢的我讓整個文壇蒙羞了，出版低迷書市慘澹都是我這種敗類害的。後來發現「家管」是不錯的句點，雖然我更喜歡「專業遊民」具有自由時尚。提不出像樣職場經歷讓人汗顏，近似社會瑕疵品。履歷確實困擾我，凡是要求詳列經歷、需附推薦函的獎項補助申請一律棄權。自此，這些表格不再騷擾我，終於走到不需寫履歷的地步。早年曾手書名片

「寫散文的人、簡媜、郵址」在出國巡迴的場合與文友交換，後來連這點禮貌也省了。當接過他人遞來頭銜顯赫的名片時，淡然一笑：「抱歉，我沒有名片。」

當我讀到陶淵明的職業生涯時，不禁莞爾，那是一張跟我一樣難看的履歷。

一個人的性格決定命運，此說有理。性格裡有一個核心基礎姑且稱之為「本然面目」，此部分深藏，不易示人甚至自己亦不自知。社會化過程中，外部力量將我們調教成符合社會理想的那種人，競爭、鞭笞、摧折、毀滅都在那條路上，功成名就、富貴榮華的勳章也在其中。「本然面目」可以理解為單一，然某些天賦異秉者具有雙重或多面，能在急劇變化的環境中適應生存且發揮才能，不以為苦。面目單一者或可分為外求型及內求型，前者善於在人群中摩擦生熱，若得機遇相助常能攀爬權力高峰；後者相反，在與社會面對面時很快出現對峙，方枘圓鑿不能相容。這種人通常有一個完整且堅定的內在世界，與生俱來價值觀與道德戒尺，不具備變形蟲族的妥協軟功，因此當他們不得不跳入社會險惡大湖與鱷魚搏鬥時，若不是被拆吃落腹，就是遠處鱷魚剛發現他的蹤跡正揚起水波游來，他已上岸逃成一縷煙。

「本然面目」單一者，即使透過自我壓抑進入外部場域扮演職場角色，通常撐不了太久。職場（或官場）是個生態錯綜詭變、層級規範嚴密、角色功能僵化、事務龐雜枯燥、人際磨合劇烈的試煉場，不能時常想起「我是我」，與其「本然面目」扞格。單一屬性者的心，本能地被生生不息的生命律則、四季運行的大自然、疾苦的底層人民、浩瀚的知識吸引而浸淫其中，這些即是天選的創作者基本配備。差異僅在，有的人跌跌撞撞一圈後才發覺自我屬性，有的很早就知道「我是誰」。

陶淵明第一個特殊之處就是，他很早開竅，知道自己的「本然面目」。〈五柳先生傳並贊〉寫於二十八歲，出仕之前。研究者一致同意這是一篇打破傳體規範的自傳。

「閑靜少言，不慕榮利」寫性格，「好讀書，不求甚解，每有會意，便欣然忘食」寫志趣，「性嗜酒，家貧不能常得」寫嗜好，「環堵蕭然，不蔽風日；短褐穿結，簞瓢屢空」寫貧窮，「常著文章自娛，頗示己志。忘懷得失，以此自終」寫心志，「無懷氏之民歟？葛天氏之民歟？」以問句代肯定句，寫理想生活。

於今讀來或許不特殊，但擺在西元四世紀末那個政治昏闇、講究出身門第的年代，讓人驚豔。下筆高妙，以五棵柳樹自喻，把自己拉到跟草木相同的位階，洋溢自然天性，將現世那套細數祖上功勳的門第觀丟掉，行文輕快筆觸諧趣，誦讀起來不僅如歌也如眾鳥歡唱的野樹林，宛如見到一個樂天知命、張著新奇之眼的年輕人，手中握著一卷書，站在風中，仰頭欣賞柳條之舞，笑容在臉上盪開。

我們一定要注意「欣然忘食」。在〈與子儼等疏〉描寫自己早年生活，這四個字再度出現：「少學琴書，偶愛閑靜，開卷有得，便欣然忘食。見樹木交蔭，時鳥變聲，亦復歡然有喜。常言五六月中，北窗下臥，遇涼風暫至，自謂是羲皇上人。」由此佐證五柳先生是自傳也是自得其樂之道。在他之前，沒有人展現過這種迷人特質——竹林七賢有些作風稍嫌極端、造作——世間充斥急著競逐功名的年輕人，承認自己讀書不求甚解、不慕榮利，會被譏為欠缺進取心，而他那麼年輕就能擺脫應世禮教束縛，逆流而行。讓人不禁問，他如何能張開內在之眼把自己看得這麼清澈，如何能不受世俗觀念捆綁誠實地現出「本然面目」？他同時展示另一種特殊本領，以自己的「本然面目」為樂為榮，完全不在乎外界眼光及可能招致的批評，他悠遊其中的內在世界是這麼美好且完整，以致手舞足蹈地自我讚賞一番。

這樣的人，是天地自然親手養育的。這樣的人，適合做遊民不適合當公務員。

據專家查考，陶淵明的職涯看起來比約聘、工讀生還不牢靠：因親老家貧，放下鋤頭出外謀職，二十九歲第一次出仕當江州祭酒，沒多久，受不了官場折磨辭職回家。一直到四十一歲，共出仕四次（算法不同，或曰五次），任期都很短，最後一次當彭澤縣令連三個月都沒做滿，據蕭統〈陶淵明傳〉所記事由，我編劇如下：

郡政府派督郵（督察）要來彭澤縣視察，小祕書打聽過了，那位督郵難纏得很，在外風評裡喜好粉味銅臭味，建議陶縣長穿禮服備厚禮盛大接待。

此時，穿布衫、肩披一件補丁棉襖正在寫字的陶縣長，瞪大眼睛：「哪來禮服，上任那套還是你去借的。」忽地，一陣霜風吹開窗戶啪達啪達響，把桌上一張墨汁待乾的文稿吹落在地，小祕書拾起，瞄到上頭有個題〈歸去……〉，趕緊關窗用草繩繞上勾，這窗壞了好久待修，陶縣長上任時還是八月秋老虎天氣反正要開窗的，一眨眼起風了。陶淵明看著剛寫下的題目[3]，筆往桌上一拍，站起身兩手支腰往後一仰，嘆氣：「我怎能為五斗米向這個卑鄙小人鞠躬哈腰！」重新鋪上一張白紙速速落筆，寫好辭職信連同官印派人送去郡政府，收拾收拾，回家去了。留下小祕書瑟瑟發抖，眼前一黑歪倒在地。

綜觀其經歷，在外是有機會的，不斷有人想聘用他。他做過州府文書、將軍幕僚、縣令，可見具有行政才幹，不是尸位素餐的那種糊塗人。換個角度看，說不定他辦事認真，才覺得自我耗損得飛快。

我特別注意到一條訊息，他當彭澤令時，自己上任家人未隨行，派一名僕人——料想是個小伙子——給他兒子，協助砍材挑水等粗活，信上交代：「此亦人子也，可善遇之。」他也是人家父母的兒子，你可要善待他。這件小事說明他是個憐惜下屬的人，這樣的人自然得愛戴。蕭統特別記下這件事是有意義的，他崇拜陶淵明，曾說：「尚想其德，恨不同時」，崇尚其德行，此德當然也包括善待底層人民的仁愛之心。多少人天生一副油湯湯嘴臉對上卑躬屈膝、對下頤指氣使，陶淵明正好相反，對當權者不假辭色，對底層人親和體恤。

陶淵明的曾祖陶侃居高位、握強兵，祖父陶茂做過武昌太守，我據此推測他有行政才能的遺傳。但他的性格與父親相像，內向自適，善於自處不愛對外經營。他自言「偶愛閑靜」、「閑靜少言」。靜，對他很重要，安安靜靜沒人打擾，連話都不必講，沉浸在喜愛的事物中欣然不止。他喜愛的事也很明確，彈琴、讀書、寫詩、走進大自然。我猜測他是個愛散步會蹲下來觀察植物的人，一個人遊山玩水，聆聽山鳥歡唱，辨認風中香氣來自哪一叢花開。渴飲清澗、餓摘野果，躺在溪畔大石上曬太陽，腦海裡玩味讀過的書籍、構思詩句，飄飄然有所得，解下腰間小酒壺——別忘了，酒是他最忠實的朋友——獨飲暢意，興盡，伴夕陽同歸。

這樣的人，若不是被生活逼迫不會想進入職場。且因性格如此，職場猶如煉獄。彭澤縣令任內，督郵視察只是最後一根稻草，就算不是這根也會有另一根出現。讓我驚訝的是，其耐受力相較於前三次出仕竟下滑若此，八十多天就受不了。我們今日職場試用期至少三個月，不知是否受陶淵明啟發？

不過，「我豈能為五斗米折腰向鄉里小兒」此辭官理由稍具戲劇性，適合舞臺演出。有專家說「五斗米」指的是流行於當時的「五斗米道」，不管是米還是道，我偏向相信〈歸去來兮辭〉序，自言出仕的兩個誘因：一是「幼稚盈室，缾無儲粟」，要斷糧了，不出外謀職不行。二是「公田之利，足以為酒」，配給的公田可以種稻釀酒。

這太重要了，他是愛酒如命之士，家中十餘畝田（其詩「方宅十餘畝，草屋八九間」），耕作米糧顧三餐都不夠，怎可能撥地讓他種糯米釀酒。從〈陶淵明傳〉估算，公田約三頃，他本要全種黏性高的糯稻釀酒，妻子太了解他，叫他種食用的粳稻。一般男人遇到這種事，採一半一半吧，不委屈自己、對老婆也說得過去，但他的盤算出我意料，二頃五十畝種糯稻，五十畝意思意思種粳稻給個交代——很心痛的樣子。雖如此，我並不從自私角度理解他，他本非只顧私欲之人，從其詩文，我揣測他在家根本做不了主，爭不過妻子的精算，從沒能好好釀夠酒滿足那一點每天澆一澆喉嚨的想望，以致有塊公田讓他作主，才雀躍地想要全種糯稻。沒想到，「及少日，眷然有歸歟之情。何則？質性自然，非矯勵所得」，上任沒幾天就不想幹了，本性愛好自然沒辦法過矯揉造作的生活。這是他親口說的。接著再忍七十多天，靠什麼意志忍下去？「猶望一稔，當斂裳宵逝」，盼著公田糯稻收成，一收好，我半夜就要落跑。這也是他親口說的。不料，唯一的妹妹過世，重擊心情，即刻自我免職去奔喪。他沒提督郵將至、不為五斗米折腰之語，即使有，也不及失親讓他痛徹心扉。

對一個不適合上班的人而言，就職是大事，辭職乃家常。隔著一千六百五十多年，我惦記的是公田二頃五十畝糯稻有沒有收成給他，釀酒喝了沒？將來若有史料出土，證實收成的糯稻沒給他，我會憤然把《文學史》摔到地上。

三重時空、兩種困局

〈歸去來兮辭〉與〈歸園田居五首〉寫於辭官後，約四十一、二歲已屆中年，我個人認為是陶詩中讀來最感酣快暢意、載欣載奔的。「久在樊籠裡，復得返自然」，重返自己最愛的田園生活，無拘無束、雀躍自在，每句詩都像山鳥，飛向天寬地闊。這時期，他的經濟狀況看來穩定，「漉我新熟酒，隻雞招近局」，釀的酒可以過濾了，宰雞加菜，招呼鄰人共享。猜想那八十多天的縣令薪水有點幫助，至於我念茲在茲的公田二頃五十畝糯稻、五十畝粳稻，推測有運給他，才能釀酒招待老鄰。我雖能飲但不飲久矣，酒趣、酒膽、酒量、酒品，只剩趣品、膽量皆失，看到敬愛詩人有酒喝也想舉杯同醉，恨不得酒廠就在他家旁邊設分店，廠長正好是他的粉絲。

然而田家並非仙境，我長於農村，熟悉莊稼之事，深知務農之苦在於天災肆虐。雖有氣象預報，田裡作物無法搬運，只能眼睜睜看著被毀，其狀之慘之痛，非農者不能體會。

陶淵明時代全憑看天吃飯更是束手無策。約寫於五十四歲、有求助之意的〈怨詩楚調示龐主簿鄧治中〉，開頭就有苦言，天道幽遠、鬼神茫昧，充滿懷疑與否定。詩中回顧一生坎坷，二十歲逢世亂、三十歲喪妻，務農屢遭天禍：旱災、蟲災、風災、水災，倒霉事再加一樁，房子失火。須知作物一旦被毀沒了收成，再種可收是數月之後的事。這期間若無存糧只有挨餓一途，陶家就面臨這種煎熬：「夏日長抱飢，寒夜無被眠。造夕思雞鳴，及晨願烏遷。」入夜希望雞鳴天快點亮因為冷，天亮盼「烏遷」太陽快下山因為餓，挨餓受凍之狀，沒有比這兩句寫得更透的了。

陶詩中有兩個關鍵字，一貧二酒。

貧窮之句，可謂俯拾皆是：「弱年逢家乏，老至更長飢。菽麥實所羨，孰敢慕甘肥。惄如亞九飯，當暑厭寒衣。」（〈有會而作並序〉），年幼家貧，老來挨餓，平生羨慕有豆有麥，哪敢奢求甘甜肥脂。飢餓只比子思一個月吃九頓飯好些，無可奈何，暑天還穿著冬衣。「南圃無遺秀，枯條盈北園。傾壺絕餘瀝，闚竈不見煙。」（〈詠貧士〉二）已至絕糧斷炊，更有一首〈乞食〉詩：「飢來驅我去，不知竟何之。行行至斯里，扣門拙言辭。」直說挨餓之慘。題外一感，近日《聯合報》推出飲食評鑑五百盤，飲食名家、知名人士精選心中的十盤菜，我正好讀到此詩；這邊是一品佛跳牆，山珍海味層次分明，那邊是被飢餓驅使不知往哪裡去；這邊是花膠黃魚煨麵，湯頭濃郁噴香撲鼻，那邊是茫茫然走到鄰里，敲門，主人開門，拙於啟齒討一碗飯。兩個時空衝激，讓我百感交集，恨不能把這邊的十盤、二十盤菜都端給他吃。

因此，讀陶詩除了歡讚自然之美、田園之樂、適性之喜，不能略過其陰暗面：自然之美裡夾帶天災，田園之樂包藏貧境，適性之喜連結世間重擔。

可以確定，陶淵明是個坎坷人。父、母、妹依次亡故，家無祖產，六十三歲一生經歷兩任妻（妻亡、續弦）、四仕、五子、兩朝共九帝（含掌權者）、五災，光憑以上關鍵字設想，這個「閑靜少言」性格的人拿到的命運手冊異常艱深，他沒得憂鬱症屬奇蹟。

我據此揣測，他在酒中稍得喘息。

說起酒，他開飲甚早，〈五柳先生傳〉言：「性嗜酒，家貧不能常得。」二十多歲紅塵風浪未至即如此，行歲中年重擔在身更要借酒澆愁。這也解釋了我原先的疑惑：文人誰不飲酒，為何只有他以組詩形式寫〈飲酒〉二十首，若加上〈連雨獨飲〉、〈止酒〉、〈述酒〉，足以集酒詩成冊。酒，是他唾手可得的夢土，靈魂休憩的仙鄉；「試酌百情遠，重觴忽忘天」（〈連雨獨飲〉），飲第一杯，恩怨情仇都拋去，再飲，天地俱忘。其中，〈止酒〉二十句每句都有「止」字，欲止不止已達醉人語法[4]，〈述酒〉三十句無一句有酒字、繁複轉折是難解之作困住歷代注家，兩首詩如此極端，一止一述，前者醉生、後者夢死，有人這麼寫詩的嗎？這是我們心目中、想像中無憂無慮的田園詩人嗎？稱他是「酒黨」創黨元老亦無不可[5]，酒中陶淵明身影多重、心緒起伏，異於荷鋤老農形象。酒可歡聚亦可獨飲，酒有甘醇也有苦澀，我們愈了解他被現實包夾的窘況愈能理解獨飲苦酒的陶淵明何以判若二人。

他是個必須脫逃的人，三重時空、兩種困局：從官場樊籠逃至田園曠野，從田家貧境逃至詩書世界。官場易辭田園難逃，困在貧境中只得向上一搏，詩書成了最重要的救贖與歸宿。

這條軌跡協助我理解「田園詩人」真正的意涵；躬耕的陶淵明並沒有農耕天分，種稻植蔬僅止於養家活口不能不為，如同幾次出仕乃迫於家貧。我甚至懷疑他不擅長農事，詠讚稻浪跟插秧除草是兩回事，他沒有留下作物改良筆記或多增田畝改善家庭收益，顯示其本然面目不是農業專家是詩帝。更進一步檢驗，其詩作中跟農耕、種植相關的並不多，讀書印心、詠史興懷、景仰前賢以惕勵己志，反而名篇盡出。

如此說來，田園的意義是什麼？我認為是個中繼站，一指地理實景，二是內在勝境，而此勝境聯通到陶淵明所追求也毫無保留展現的那個任真、質性自然、靖節、偕天地共遊的精神世界。一言以蔽之，是高尚心靈的絕對自由。

當我們從這個角度來追蹤他的足跡與心路歷程，才能見出其內在氣象是渺小還是偉大，何以能影響往後一群坎坷詩人如杜甫、蘇東坡、辛棄疾等。

以田園貧境為例，組詩〈詠貧士〉七首做了示範，我相信寫這組詩時他承受饑饉之災，否則不會專筆於此。

何謂「貧士」，不單指窮困之人，重點在「士」的節操不在「貧」的煎熬，否則歷來貧窮之人多矣，何以專詠子思、榮啟期、袁安等七位？符合他心目中的「貧士」典範，約略有三重特點：

一，物質生活不只是清樸，已達飢乏之困。二，具備才賦的讀書知禮者。三，安貧守賤，固窮守節。詩中明言「何以慰吾懷，賴古多此賢。」靠著古代高風亮節的貧士導師，不改其志，不悔所擇。七首之多，既有「朝與仁義生，夕死復何求」明志之句，又有「誰云固窮難，邈哉此前脩」黽勉之辭。我們從他的貧境中沒看到哀嚎、憤懣的凡夫臉色，看到的是一個人的精神世界可以遼闊到「貧士世相尋」與古聖先賢結為知己，可以逆轉口腹之困展現出壯麗的內在。

人生在世誰無困局，陶淵明不斷地在困局中示範脫逃，更精確地說，是超越。他不是不苦，是知道苦不應該是終點。在苦背後有一座精神古國，那才是落籍之處。因此，陶詩觸動我們的不是結廬在人境，是「心遠地自偏」那個「心遠」之法；不是南山之美，是「悠然」之情。心遠、悠然都是超越之辭，如何自困境中突圍，陶淵明用坎坷的一生做了示範；樊籠無處不在，有形或無形，唯有破解荊棘叢生的物質世界方能抵達精神自由。

歸隱田園，田園只是這位永恆心靈導師啟程的地方而已。

鏡像家族

終究，我們要推開陶家大門，見見他的家人[6]。

陶淵明的外祖父名叫孟嘉，曾在桓溫部下任長史。孟家與陶家兩代聯姻，陶侃是陶淵明曾祖，孟嘉娶陶侃的第十女為妻，是以，陶淵明的外祖母也是他的姑奶奶。有意思的是，後來孟嘉把兩個女兒嫁回給陶家的兩個兒子，一嫁給兄陶逸，生下淵明，一嫁給弟生下敬遠，所以對陶淵明而言，嬸嬸也是親阿姨，小他十七歲的敬遠是堂弟也是表弟。陶家人丁不算旺，這層親上加親的關係有助於了解家族在他心中的位置。

一般讀者不大會注意陶淵明寫的傳、祭。我已有霜髮，重溫年輕時熱愛的陶詩，於書頁間嗅得經歷煙火的人方能嗅出的焦灼味，忍不住在此盤旋，愈讀愈有奇特的鏡像之感。

他寫傳像寫小說，文辭酣暢心情歡快，有人物有故事有場景，跌宕起伏可以直接拍微電影，如自傳〈五柳先生傳〉及為外祖父孟嘉寫的〈晉故征西大將軍長史孟府君傳並贊〉，自此篇可讀出他對外祖父孺慕景仰，且深受其人品之影響，尤其飲酒一事，淵明可謂得阿公真傳；後半段寫孟嘉生活趣聞，以逸事寫雅人，桓溫問孟嘉：「酒有何好，而卿嗜之？」孟嘉答：「明公但不得酒中趣爾」，每逢心情有所體悟，駕車獨自上山「顧景酣宴，造夕乃歸」，平日「好酣飲，逾多不亂。至於任懷得意，融然遠寄，旁若無人」，朋友稱他：「孟生善酣，不慫其意」暢飲但不違背自己心意。若隱去姓名，光看以上引文，會不會覺得眼熟？翻開〈五柳先生傳〉：「造飲輒盡，期在必醉。既醉而退，曾不吝情去留。」兩文怎麼這麼像，這在寫自己還是寫阿公？孟嘉五十一歲逝，祖孫倆有沒有機會共飲不得知，從文中能感受孟嘉任真自然之品格，大雅君子超然清趣，異於常俗，這篇傳讀來像〈五柳先生傳〉2.0版，祖孫兩人鏡像相逢，文字裡神交舉杯。

另有兩篇祭文寫妹妹與堂弟敬遠，心情悲痛至極，血濃於水的親情漫淹其間，哀哀不捨。從以上幾篇可看出他重視家族親倫，儒家是思想奠基第一層，正因如此，家運不濟、積貧欠安的現實一再鞭笞他。

陶淵明是個被死神糾纏的人，喪親噩運一路跟隨。十二歲喪父、約二十五歲喪叔父（敬遠爸爸）、三十歲喪妻、三十七歲喪母、四十一歲喪妹、四十七歲喪堂弟敬遠。每隔幾年死神便來敲門，這個「喪親時刻表」幫我走進他的內心深淵，立即理解當妹妹過世的消息傳來，他根本處於萬念俱灰狀態，彭澤縣令再也做不下去。這口內心深淵解釋了為何關於生命、生死主題的思索如〈形影神並序〉寫出前無古人後無來者的技術與藝術性，可說是探究其思想的定錨之作：將「形」、「影」、「神」擬人化，「形贈影」、「影答形」進行辯論，形與影各有所求、所執，形下生命與形上生命言詞交鋒內心激戰，最後以更高存在「神釋」作結，詩末寫出流傳千古的生命導航佳句：「縱浪大化中，不喜亦不懼。應盡便須盡，無復獨多慮。」最後兩句，我誦念幾遍，從思想界返回現實界，誦出一股淡淡的無奈感，當我回顧那張「喪親時刻表」再來讀「應盡便須盡，無復獨多慮」，便能讀出隱藏其中的世間悲涼與自我寬慰之嘆。

我特別要發揮想像力，揣測他與叔父及敬遠的關係，這是另一面鏡像。陶淵明家與叔父家曾同住，其母與嬸又是親姊妹。這是有趣的，親兄弟貌似，親姊妹亦如此，料想淵明與敬遠外貌相像。試想，若幫這兩家拍一張全家福，長得像的幾個人排排坐，一定讓人眼花撩亂。從淵明長敬遠十七歲判斷，我猜他與叔叔年齡差距不大，叔叔輩分雖長，實際上更像個大哥。叔叔辭世時敬遠約八歲，而他跟敬遠的關係尤其有意思，等於看著小敬遠長大，這裡有異於一般堂兄弟關係的情分變化著，一來他同情敬遠與自己相像都是在「齠齒」年紀當了孤兒，二是年齡差距使他把堂弟當成小一輩看待。從這個淵源理解兩人情分，就能同意祭弟文是在痛哭流涕中寫的，寫得比祭妹文更痛，開頭「嗚呼哀哉，於鑠吾弟」，於鑠（音烏碩），歎美之詞。先叫一聲我的好弟弟啊，讀之摧心碎肝。

其中有兩段話吸引我的目光。

一是：「樂勝朋高，好是文藝。」寫敬遠喜歡結交比自己高明的人，雅好文藝，吟詩撫琴。敬遠有道家思想且付諸行動，曾隱居深山荒林，上山採藥、辟穀修煉。陶家似乎有隱士基因，對徵逐世功興趣索然。

二是：「余嘗學仕，纏綿人事。流浪無成，懼負素志。斂策歸來，爾知我意。常願攜手，寘彼眾意（議）。」自此看出陶淵明辭官返家，家人不能諒解，這時父母皆已辭世，會責備他的除了愁眉苦臉的太太，應是另一個叔叔陶夔。此前作叔叔的看他窮到快被鬼抓去了，推薦他去做個小官，哪知他說不幹就不幹，讓叔叔下不了臺，要是移到今日設身處地我是陶夔，大概也會把姪兒罵一頓。先知在故鄉是寂寞的，詩神在家裡只不過是拙於營生的丈夫。在這種冷言冷語中，敬遠置眾人非議於不顧，知我意、願攜手，親情裡添了知音。從以上兩處，我判斷兩人心性相近，有了第一層鏡像。

祭文最動人之處在寫他與敬遠同去收割，「每憶有秋，我將其刈。與汝偕行，舫舟同濟。三宿水濱，樂飲川界。」金秋季節，兩人划著小船到遠處收割，夜來在水邊紮營，舉杯共飲。「靜月澄高，溫風始逝。撫杯而言，物久人脆。」秋月靜靜掛在高空，白日溫熱的風消失了，夜開始轉涼，不禁撫杯感慨，天地長久而人卻渺小脆弱。

這景象讓我低迴不已，彷彿隨行；見他倆何等親密，白晝一前一後是農夫，夜間並坐舉杯恢復詩人面目，在河邊升起篝火，聽滔滔水流，把酒同飲，共嘆蜉蝣一身寄寓天地之間。敬遠在他心目中不同於一般堂兄弟，「斯情實深、斯愛實厚」這八個字捶心肝。「奈何吾弟，先我離世」，如果把「弟」改成「兒」，依以上情感濃度也是切合的。這就是我察覺到的第二層鏡像，淵明與敬遠情同父子。

外祖父如父，堂弟如子，何等奇特的感情。當我從鏡像中捕捉陶淵明的親情，再來讀責備五個兒子的〈責子〉詩，完全推翻評家所稱乃慈父嘴邊戲罵、實則內心疼愛的說法，這是一個疲憊的爸爸才寫得出的詩。

寡言的丈夫、疲憊的爸爸

重讀陶詩，總覺得有一股淡淡的愁緒浮在字裡行間，像湯鍋上的泡沫，尤其跟家庭相關的詩。挑過重擔的人最能體會，這種愁緒會慢慢纖維化變成內在疲憊。

陶淵明第一任妻生下兒子後亡故，後續弦翟小姐，亦有生育。他共有五個兒子，名與小名、三四子為雙生關係參前文所述。是否有女兒，不明。

他沒提過這兩任妻子，只有一兩句隱射語，讓專家揣摩蛛絲馬跡。有些詩人生性不浪漫，夫妻之間相處低調或是受禮教約束不涉筆閨房，我原先也如此看待陶淵明，一個追求內在超越的人心不在兒女私情，甚至個性比較古板。直到讀了〈閑情賦〉大為驚豔，這個人藏得太深了，他絕對有浪漫體質。

〈閑情賦〉簡直是文學史上第一篇「情書大寶典」。「閑情」的「閑」，是防閑邪思有制止之意，非「閒情逸致」。就字面言，要寫的是如何收斂不合禮法的情思使之歸返正道，可是內文寫對一位美女的思戀卻寫得百折千迴，心旌蕩漾、朝暮懸念，防堵文寫成引誘文。讀了，絕不會收斂情絲反而想立刻出門去談一場轟轟烈烈的戀愛。崇拜他的蕭統唯一挑惕的就是這篇，認為「白璧微瑕，惟在〈閑情〉一賦……」恨不能將它刪去。多謝蕭統沒舉起衛道之手刪掉，否則我們就讀不到傑作。這篇奇文修辭之美堪稱絕品，把一個戀愛中男人內心渴慕之強烈、情絲之纏綿、思念之澎湃，寫到登峰造極。後世詩人寫情詩恐怕很難超越，更加確立他是詩人中的詩人，穿著農服的「詩帝」。

〈閑情賦〉最叫人怦然心動的是，寫戀愛中男人的「十願」——十個親密的願望，以及每一願後接續一個悲，「九悲一嗟」，恐戀情消逝而惶惶不安的悲嘆情緒。舉其一二：

「願在衣而為領，承華首之餘芳。悲羅襟之宵離，怨秋夜之未央。願在裳而為帶，束窈窕之纖身。嗟溫涼之異氣，或脫故而服新……」

我願作妳的衣領，承受妳秀髮的芳香。悲嘆晚上要脫下衣服，怨恨秋夜如此漫長。我願作妳的腰帶，緊緊地繫住妳纖細的腰肢。嗟嘆季節冷暖變化，妳會脫去舊衣換了新裳……

願作衣領、腰帶，接著是願作髮膏、眉筆、草蓆、綢鞋、影子、燭、竹扇、桐琴。願作鞋子握著妳的小腳，願作草蓆讓妳的身子躺著，願作扇子讓妳拿在手裡把玩，願作一把桐琴臥在妳膝上讓妳彈奏……。還有比這更纏綿、更叫人臉紅心跳的嗎？這些都是肌膚之親啊！

〈閑情賦〉文前小序，自言用意在「抑流宕之邪心，諒有助於諷諫」。創作的人一看便知，這是包裝紙，用來掩蓋內心的戀情波濤。要說這是陶淵明「最成功的失敗之作」也行，就防堵流宕情思、禮教諷諫而言是失敗的，就情書寫作而言，當屬空前成功。

我大膽地猜想，這是陶淵明一生中唯一一次愛情，極有可能有一個暗戀對象，且是個知書達禮的曠世美女。現實讓夢想、思戀自動破滅，他只能在紙上談一場不為人知的戀愛。他是個浪漫的人，絕不是在菜園揮鋤頭抓菜蟲、滿身灰頭土臉的農夫。一個男人寫得出這麼美的情詩，毫無疑問，他的內在形象如玉樹臨風，俊逸超群，是無人能及的美男子啊！

於是我對他的婚姻起疑了。這個大詩人，寫古代貧士榮叟（榮啟期）的詩不止一首，對跟他一起啃苦日子的枕邊人卻一滴墨也沒，尤其三十歲喪妻此等大事豈會無字，李商隱、蘇東坡同遭喪妻之痛皆留下名作，李有多首思妻作品如〈房中曲〉、〈昨夜〉、〈李夫人〉，蘇有〈江城子〉（巧合是兩人的妻子都姓王）。陶淵明有祭妹文、祭弟文怎沒祭妻詩文，只有兩種可能，一是詩文亡佚，二是沒寫。我但願是亡佚而非吝惜筆墨，須知，「情動於中而形於言」（《毛詩．大序》），必得如祭弟文所言：「情惻惻以摧心，淚愍愍而盈眼」才能生出文字。當然，人之情感能流動亦會鬱鬱凝結，至憾無言、至痛無字，再娶後困於柴米，心痛心冷到一個程度，即使心緒偶有波瀾也不知從何提筆借酒吞下罷了。實言之，作家沒寫的可能比寫出的還要多。

可以確定，晴耕雨讀時的他是快樂的，不管身體在田園中勞動或是心靈在書頁間沉醉，獨享閑靜之樂，若還有酒助興堪稱仙境。然而我們也必須面對草廬裡至少有六個人叫他當家的、喊他阿爹的現實，「狗吠深巷中，雞鳴桑樹顛」字面上是美的，擺在現實就是人聲吵雜、雞飛狗跳。農村裡，竹圍內每戶五六個孩童奔竄、吵鬧、索飯的情景我太熟悉了。居深巷，表示沒人管他死活，但他必須管一家死活。扮演家庭角色的陶淵明，並不快樂。

如果我說他是一個不適合婚姻家庭的人，尊崇他的專家會丟來石頭砸我。何發此言？一個過度沉浸在形上國度、跨越時空與先賢高士偕遊的心靈，柴米油鹽的現實、送往迎來的禮俗對他而言都是折磨。這個人不愛講話，喜歡探究學問思索哲理，言必有物，不喜聊是非、說八卦——偏偏我們跟家人聊天的內容九句八卦、十句瑣碎——杵在田園中的這戶草廬，一家之主沉默寡言，聽到的聲音大都是小孩吵鬧、陶太太喝斥——異母兄弟之間的爭執向來棘手——被激怒時衝到丈夫面前嚷嚷：「管管你兒子行嗎？」更別提有沒有婆媳問題添柴火，獨生子一向難為。

每戶人家都有一口深井湧生疲憊感，久而久之凝結在口語、文字變成口頭禪或慣常語氣。舉例而言，親子間若溝通不良常有磨擦，做父母的話尾不自覺地以「隨便你」、「你不聽我也沒辦法」作結。這種話是鈍了的刀，雖然鈍，丟多也會自傷傷人。我在涉及親子的詩文中讀到類似疲憊感，據此猜測陶爸爸不是一個擅長與兒子溝通的人。當然，專家會丟來第二顆更大的石頭。（無礙，安全帽已戴上）

陶淵明為兒子寫的作品先後有〈命子〉、〈責子〉詩及〈與子儼等疏〉文。

〈命子〉四言長詩，依題即是為長子命名兼有教示之意。這首詩非常特別，絕對不能當作一般親子詩來讀，既沒有初為人父按耐不住的欣喜，更無小童身影亂入其中——左思〈驕女詩〉兩個活潑小丫頭可做對照——全詩八十句，前五十六句恭敬記述自帝堯以來歷代源流及祖先功勳，從「悠悠我祖，爰自陶唐」寫至曾祖陶侃、祖陶茂、父陶逸，這是沐浴焚香後的「家譜式」寫法，下筆氣勢恢宏。寫到自己有八句：「嗟余寡陋，瞻望弗及。顧慚華鬢，負影隻立。三千之罪，無後為急。我誠念哉，呱聞爾泣。」透露兩個訊息，一自感慚愧不及先祖立下功業，二身為獨子需負起傳遞香火之責。全詩寫到這裡六十四句，壓得快喘不過氣來，直到「呱聞爾泣」聽到你的哭聲才扭轉，可想見這個小男嬰帶給他無上喜悅，一掃三千之罪無後為急的壓力。讀到此，陶爸爸骨子裡裝的是儒家思想無疑。以下八句寫為兒子取名，扣上題旨：「卜云嘉日，占亦良時。名汝曰儼，字汝求思。溫恭朝夕，念茲在茲。尚想孔伋，庶其企而。」有人幫兒子取名還要看黃道吉日嗎？這裡的嘉日良時，指的應是恭敬地向祖先稟告兒子名字的意思，見其慎重與歡欣。名字來歷不凡，取自《禮記．曲禮》：「毋不敬，儼若思」，儼是莊重恭敬之意。孔伋是孔子的孫子，字子思。陶爸爸冀望兒子溫良恭儉讓，像子思繼承先人遺志。初為人父，想的竟是望子成龍接班人式的傳家之擔，這個小嬰兒若有感知，豈不哭得更大聲。陶爸爸大概也覺得擔子太大有礙兒童成長，後來再給他取個小名叫「阿舒」，平衡了重責大任。當然沒寫在詩裡。

接著八句，舉《莊子》典故，癩病者夜半生子趕緊取火照看，深恐兒子長得像自己是個癩痢頭，寫其內心殷切，「既見其生，實欲其可」期盼兒子是可造之材。

困擾我的是最後八句。八十句長詩，家譜式鋪排七十二句後要收筆了，依照我們對長詩「詩勢」的閱讀掌握，或是對陶淵明那支能呼風喚雨之魔筆的想像，最後八句一定會結得非常漂亮。但他的結法出乎我意料之外：

「日居月諸，漸免於孩。福不虛至，禍亦易來。夙興夜寐，願爾斯才。爾之不才，亦已焉哉。」試譯之：「時間流逝，你漸漸不是孩子了，福氣不會平白降臨，災禍隨時會來，我們日夜照顧你，盼你成材，要是你不肯成材，也就算了吧。」

好好一首長詩，能這麼結嗎？

我反覆讀，覺得這樣的結尾撐不起開頭：「悠悠我祖，爰自陶唐。邈為虞賓，歷世重光。」的大氣勢。更有一種斷崖式的情緒出現，使得末兩句有草草結束、不想再寫下去之感。

這首詩之所以不能當作一般親子詩讀，因為裡面有兩個陶淵明；前六十四句是詩人陶淵明寫的，後十六句，一股疲憊感突然湧上，筆隨意走，筆式變了，此時的他是做了爸爸的陶淵明。

這是我第一次捕捉到他的疲憊感。

注家從「漸免於孩」判斷此詩寫於兒子二三歲免於襁抱之時。我存疑，追蹤那股莫名情緒，猜測「漸免於孩」大約是十五志於學的成童年紀之前，這時約略看出孩子的天性、資質，已能牽動父母期許。二三歲蹣跚行走、咿呀學舌正值可愛，一個獨生子爸爸還沉浸在喜獲麟兒中，怎會有失望情緒？

這股情緒持續到〈責子〉詩，一口氣點名五個兒子，一起罵。

我們見識過了，陶淵明的文字要艱深典麗可以深到讓你翻破半部字典的地步，但這首詩完全用大白話寫：

「白髮被兩鬢，肌膚不復實。雖有五男兒，總不好紙筆。阿舒已二八，懶惰故無匹。阿宣行志學，而不愛文術。雍端年十三，不識六與七。通子垂九齡，但覓梨與栗。天運苟如此，且近杯中物。」

我沉吟甚久，眼前浮現一個生悶氣爸爸，寫完詩，把詩貼在牆上。一句話不吭，接著出門去了。

這麼個大白話怎麼會是寫給等在後世的我們看，當然是寫給兒子們看的。到底兒子們看了沒，有沒有起一點作用不得而知，偏偏後世讀者一個比一個讀得認真，自動當兒子。

我第一次讀此詩不禁莞爾，感嘆我們寵女兒寵不過左思，罵兒子也罵不過陶淵明。時至今日父母罵小孩好吃懶做不愛讀書，完全不脫陶爸爸範圍。也同意宋朝黃庭堅對此詩的評論：「觀淵明之詩，想見其人豈弟慈祥，戲謔可觀也。」豈弟即愷悌，和樂平易，意指陶爸爸以詼諧口吻戲斥五兒，可見其慈祥，親子間和樂融融。直到偶發奇想，挑出他寫自己、外公、祭妹文、祭弟文及〈命子〉、〈責子〉、〈與子儼等疏〉等七篇「家庭作」合讀，完全改觀。

陶淵明不是一個有幽默感會講冷笑話的人，個性不像蘇東坡，沒有理由單獨切出這首詩以戲言解讀。寫作活動中，有一股來自作者真實感受的「情感基調」，或欣喜雀躍或沉鬱苦悶或悲痛哀傷或憤懣不平藏在筆端，稍不克制便流洩而出。此詩開頭「白髮被兩鬢，肌膚不復實」藏著的情感基調是感慨不是故作笑語，結尾「天運苟如此，且近杯中物」更是徒嘆奈何之句，不是幽默戲語。如果此詩是戲作，明明兒子們優異卻反筆書寫，流淌的情感基調不是如此，須知父母對子女的賞愛是天底下最藏不住的一種感情，再怎麼克制也會眉飛色舞起來。

姑且題外小聊，舉陶淵明的鐵粉之一辛棄疾〈清平樂．村居〉為例：

「茅檐低小，溪上青青草。醉裏吳音相媚好，白髮誰家翁媼？大兒鋤豆溪東，中兒正織雞籠。最喜小兒亡賴，溪頭臥剝蓮蓬。」

亡賴即無賴。寫一對老夫妻在談論家裡三個兒子，大兒子鋤地，二兒子編雞籠，已經做了爸爸的辛棄疾竟然欣賞那家小兒子不幹活，躲在溪邊剝蓮蓬吃蓮子。這兩個爸爸對孩子偷懶的反應天差地遠，詩中情緒完全不同，若手中有竹枝要治懶惰兒，陶爸爸會真打，辛爸爸假打——揮舞幾下笑問兒子：「還有沒有，剝來吃吃。留一些給你哥哥。」如果他兒子也躲在溪頭臥剝蓮蓬的話。

兩相對照，便能讀出〈責子〉詩有一種傾訴感，好像向誰吐苦水。當作家被某種強烈情緒激發而提筆，沉潛、醞釀時間短，容易出現這種「獨白體」，傾訴對象是自己，因此寫人無須客觀敘事不必周延，換言之，不是要寫那個人而是寫我眼中的他，不是要寫兒子而是寫「我眼中的兒子」。這種寫法，最常見於日記手札，情緒、感受不必掩飾。黃庭堅的賞讀看似合理但不近其情，〈命子〉、〈責子〉兩詩併讀，失望情緒很清楚了。

大文豪做了父親，跟一般人沒什麼不同。再怎麼疼愛兒子，總有一霎間疲憊感襲來。即使是標準慈父杜甫，把宗文宗武兩個兒子捧在手掌心，也有這樣的句子：「自恐二男兒，辛勤養無益。」（〈送李校書二十六韻〉）鄉下阿爸阿母不識杜甫，罵小孩：「我辛苦飼你們，無路用啦」與詩聖口徑一致，讓人頭皮發麻。可見父母心自古皆同。

別以為詞裡欣賞別人家兒子偷懶的辛爸爸觀念開明一路慈祥到底，他罵起自己兒子那真是帶過兵的戰狼本色。

寫於晚年〈最高樓．吾衰矣〉，前言：「吾擬乞歸，犬子以田產未置止我，賦此罵之。」我想辭官，兒子以尚未置產阻止我退休，寫此罵他。詞曰：「吾衰矣，須富貴何時？富貴是危機……」最精采兩句：「千年田換八百主，一人口插幾張匙？」活脫脫是拍桌罵混帳東西、血壓飆高的老父口吻。辛爸爸有九個兒子，不知是哪隻「犬」如此不肖，這種把爸爸當搖錢樹的兒子不止該罵，揍他一頓也是剛好而已。若來一場「文豪爸爸責子大賽」，開山祖師爺是陶爸爸，第一名非辛爸爸莫屬。相較之下，陶爸爸家幾個叛逆期小屁孩好吃懶做算什麼煩惱，實在應該設一間諮商室，讓辛爸爸給陶爸爸開導，兩爸一起乾杯同醉，煩惱化煙。題外再題外，「詞中之龍」辛爸爸是陶爸爸的大鐵粉舉世皆知，自號「稼軒」還不夠，九個兒子除了最小的早夭其他八個的名字都是「禾」字邊。難怪不肖兒以田產為念，禾不種田裡難道種水裡？換個角度看，此兒懂得部署財產說不定是個房地產專家，發跡了，給老爸蓋紀念館收門票多美呀！可見文豪爸爸不能只會寫「責子」，要有「知子」之明。

回到陶爸爸。其實，陶淵明也曾流露做父親的喜悅，〈和郭主簿〉：「弱子戲我側，學語未成音。此事真復樂，聊用忘華簪。」〈止酒〉：「好味止園葵，大懽（同歡）止稚子。」最美滋味是菜園裡的葵菜，最大快樂是陪小孩玩。但人生終究是苦的，苦在有情，情之最者在親倫。親情是鐵打的扁擔、鉛製的籮筐，對落籍文學國度的男子而言，世間父親難為。若兒女長大後不貼心不成材——尤其不愛讀書不喜文術——失望情緒百折千繞難以啟口，一不留神在字句間結了蜘蛛網，疲憊感像草屑蟲屍掛在那兒，掛久成了臉上風景。

綜觀七篇「家庭作」，自喻五柳是一個「欣」字，寫外公是「敬」，祭妹「哀」、祭弟「慟」，命子為「盼」，責子是「氣」，最後一篇給兒子們的信〈與子儼等疏〉寫於晚年，是「歉」、「愧」、「囑」並陳。首句：「天地賦命，生必有死，自古賢聖，誰能獨免？」我若是陶家子女，見此四句要掉淚的，這樣的開頭已是老父心曲，接近遺言。

這是一個父親的告白，湧上的第一股情感是向兒子道歉，自知「性剛才拙」與人相忤，辭仕歸隱「使汝等幼而飢寒」。接著進一步寫內心折磨，由歉意而慚愧：「余嘗感孺仲賢妻之言，敗絮自擁，何慚兒子？此既一事矣，但恨鄰靡二仲，室無萊婦，抱茲苦心，良獨內愧。」

這裡提到三個典故。隱居耕種的王霸（字儒仲，孺誤），其好友的兒子來訪，自己兒子蓬首垢面見對方相貌堂堂衣著光鮮，自覺矮了一截，抬不起頭來，王霸見此，對兒子感到慚愧竟病倒。這種兒女間的比較，從明星高中、頂大、學歷、職業，有一把扭曲的量尺把父母與孩子從小量到大。王霸的妻子是女中豪傑，對丈夫說「敗絮自擁」，穿破棉襖蓋舊棉被過日子是我們自己的事，別人有升官發財之道，我們有堅持的原則，何必拿別人家兒子來比較，覺得自己對不起兒子。多漂亮一席話，難怪陶淵明稱她「賢妻」。「二仲」指羊仲、求仲兩位隱士，意指遺憾沒有志同道合的鄰居。老萊子避亂而耕，楚王親自延請他出仕，允之。妻子自外頭撿柴歸來得知，嚴肅分析：「可食以酒肉者可隨以鞭箠，可授以官祿者可隨以斧鉞。今先生食人酒肉，受人官祿，此皆人之所制也。居亂世而為人所制，能免於患乎？」這話講得太精采了，亂世中投入政商分贓陣營成為側翼或打手，能有什麼好下場，夫妻遂逃往他方。此理用在今日也通。「室無萊婦」，我的妻子不像老萊子之妻，這話讓歷代專家聽到他對婚姻的低聲喟嘆。綜言之，近鄰無賢士唱和，家中無賢妻相挺，不仕致貧讓兒子飢寒，心中獨自慚愧。當年掙脫官場樊籠復返自然的陶爸爸講出這番話，天地俱寂。

我們是做父母的人，懂得話中有多個石磨，日夜折磨。對比辛棄疾，他家是兒子嫌他未置產，陶家是一貧如洗的爸爸對兒子說抱歉，「汝輩稚小家貧，每役柴水之勞，何時可免？念之在心，若何可言！」〈責子〉詩責罵兒子，此篇責備自己，力道更甚前篇。

當中有一段讓我反覆誦念。如前文所引，憶及少時喜琴書、居田園欣然忘食之樂，自謂是「羲皇上人」。這一段文字非常美，但卻是為了引出自我反省：「意淺識罕，謂斯言可保」，原以為這種生活可以長保，終究是見識淺薄的看法。往昔不識人間煙火，如今烈火灼身，自評「意淺識罕」。那麼，我以下的提問會得罪歷代鐵粉們，陶淵明後不後悔隱居？

最後一段，外舉鮑叔牙與管仲、歸生與伍舉兩對摯友相扶持而功成，內舉韓元長、汜稚春兩家兄弟同居齊心。所謂出外靠朋友、打虎親兄弟，千年來我們提醒子女也不脫陶淵明的範圍。文中自言疾患衰損，親舊送藥相救，自恐來日不多，晚歲憂患溢於言表，諄諄告誡五兒，雖不同母是同父所生，要誠心效法前賢。這時候的陶淵明，只是一個平凡的世間老父，滄桑之心攤在紙上。

回答我自己的提問，陶淵明後不後悔隱居？

回答之前，想起王維的一番話，他曾對陶淵明罷官歸隱表達看法，「近有陶潛，不肯把板屈腰見督郵，解印綬棄官去。後貧，〈乞食〉詩云『叩門拙言辭』，是屢乞而多慚也。嘗一見督郵，安食公田數頃。一慚之不忍，而終身慚乎？此亦人我攻中，忘大守小，不（闕）其後之累也……」雖有缺漏字，語意明白，生存是最高指導原則，一時不忍招致終身多慚。如果當年屈腰見督郵，官場裡自有安穩的利祿，不致飢寒交迫。

「悔」這個字，並非只存於飢寒交迫的處境，豐衣足食的人生裡難道沒有「悔」字？人無法同時擁有兩種選擇，不管擇定哪一條，世間事不盡如人意，遂有「悔不當初」之語。然而，人無法倒提江水亦不能逆轉秋夏而回春，是以，「悔」只是一時感受非行動之詞。況且，若當年知其可而為之、知其不可而不為，何悔之有？若知其可卻不為、知其不可卻為，才會心生悔恨。陶淵明從年輕時即自知本然面目，幾次出仕一再證明與官場相忤，「自量為己，必貽俗患」自己衡量個性若留在官場必定遭禍，重來一次亦同樣選擇，則無須有悔。他舉王妻、萊婦之事已旁證心跡。

悔，不必，悵然難免。縱橫文字國度化腐朽為神奇的人，自省無法供給子女富裕生活而抱苦心獨內愧，可證是一個兩隻腳扎入儒家土壤入世挑擔的父親，不見超然物外、解脫親情羈絆的老莊、佛理思想。他或許是個沉默的丈夫，也不掩飾疲憊，從寫給兒子們的信中證明，他是一個負責任的爸爸。

隔著一千六百五十多年回望，在詩歌古帝國稱帝的陶淵明，布衫草履，荷鋤往田園去的背影，有一抹星夜獨行的寂寞。

然而細看，扛在肩上的不是鋤頭是一支如椽大筆。陶淵明不是去菜園，他要去造一塊奇麗無匹的夢土，叫「桃花源」。去田裡耕種的世間男子陶淵明，養大五個兒子，在文學國度開墾夢土的詩人陶淵明，養著千百年來的中國人。

造夢土的人

拂去那一襲人世落寞，詩帝陶淵明的內在繽紛，眾聲喧騰，好似有一超然「本然我」觀看困居塵世之「現實我」，兩者進行對話、描述、應答，或明志、惕勵，或相互寬慰、自我療傷，彷彿下筆時第一讀者不是別人是自己。

〈五柳先生傳〉將自己客體化，以妙筆自我寫生；〈形影神〉分設三者辯論生命意義；晚年所寫〈擬古〉組詩第五，託言「東方有一士」，此高士「三旬九遇食，十年著一冠。辛苦無此比，常有好容顏。」物質生活困苦卻氣定神閒、從容自若。「我」心生嚮往，起意訪賢，高士所居之處青松夾徑白雲宿簷，兩人相談甚歡，高士且取琴為「我」彈曲，「願留就君住，從今至歲寒。」希望與高士同住直到最後。蘇東坡評：「此東方一士，正淵明也。」[7]「既託身東方高士，又化身慕道者前往探訪，我與我琴曲唱和知音相會，猶如鍾子期與俞伯牙；辭世那年以「預言體」筆法寫〈自祭文〉及〈擬挽歌辭〉三首，為自己寫祭文、挽詩，超然陶淵明替塵世陶淵明蓋棺論定，相偕而去入籍永恆——還有比這更適合叫「縱浪大化」引人沉思而嚮往的嗎？

這種預言體、對話體、獨白體靈活變換的寫作風格是我年輕時讀陶詩沒發現的。如今歲晚重讀，驚嘆其多重性格，筆尖自帶風雲。這些精采作品不同於一般傑作，有一種讓人著迷的傾訴與聆聽的互動在裡面。他的詩人之眼不止觀看外面那個被他拋棄的亂世，也向內凝視內心深處。這種特質使其作品奇妙地能直接與讀者的心連結起來——我們一向不缺觀看外在的眼睛，最被遮蔽且茫然的是向內觀看心靈的慧眼。他不是把我們帶往入世鬥爭、狂馳奪標之道，而是引向雲空星夜、田園曠野、浩瀚典籍，去諦聽內在、結識高潔賢士，將自己這顆心放入歷代高潔賢士之品操匯成的永恆流域，成為淙淙之音也是知音的一部分，安心立命在此，歸宿在此。

陶淵明的性格與情感特質使他富有想像力，暢遊奇異時空詭幻世界，「魂須臾而九遷」能瞬間多次往返現實與幻境之間。

有詩為證，〈擬古〉其八：「少年壯且厲，撫劍獨行游。誰言行游近，張掖至幽州。飢食首陽薇，渴飲易水流……」專家考證他根本沒去過這些地方，乃是以虛擬之遊寫壯志未酬、知己難覓之憾。

〈讀山海經〉十三首可佐證他著迷於魔幻的神話世界。第一首是熱愛陶詩者琅琅上口之詩：

「孟夏草木長，遶屋樹扶疏。眾鳥欣有託，吾亦愛吾廬。既耕亦已種，時還讀我書。窮巷隔深轍，頗迴故人車。歡然酌春酒，摘我園中蔬。微雨從東來，好風與之俱。泛覽周王傳，流觀山海圖。俯仰終宇宙，不樂復何如？」

此詩包含陶淵明思想與生活關鍵字：草樹、鳥、廬、耕種、讀書、酒、蔬、宇宙，傳達其「理想生活」。與讀史寫古人物不同，讀山海經的他有一種投入其域的愉悅洋溢其中，彷彿踏入神話世界，心中似曾相識部分被喚醒，他本是此時空之人卻誤落塵世當了農夫，但布衫下奇幻體質仍在，以詩顯現金身，欲託三隻青鳥向西王母傳話：「在世無所須，惟酒與長年。」我在世間什麼都不要，給我酒與長壽就好，好像西王母是他媽媽，展現難得的諧趣。其想像力無遠弗屆，超越儒道佛各種思想型態束縛，筆力足以摹畫天地，文字可淺白可穠麗，其超級鐵粉蘇東坡評：「質而實綺，癯而實腴」表面質樸其實綺麗，貌似清癯實乃豐腴，可謂正中要害之評。若只當他是擅種大白菜寫田園詩一老農，那真是誤讀。他不僅承繼文人傳統、接續讀書人命脈，更翻騰創新，從現實田園一舉騰躍至精神世界，成為一個造夢土的人。田園是揮鋤起點，夢土是筆鋤終極成就，當我們從這個角度來理解陶淵明，就會讚嘆〈桃花源記並詩〉（或作〈桃花源詩并記〉）是一篇了不起的作品。

歷代專家比國家地理雜誌特派員還厲害，考證桃花源地籍；一派說真有這地方，具體地點依各家導航系統不同有南有北，另一派說「不必實有是鄉」、「此即羲皇之想也，必辨其有無，殊為多事」，深獲我心。

桃花源是虛構之地，理由就在：「忽逢桃花林，夾岸數百步，中無雜樹，芳草鮮美，落英繽紛」景致描寫中；依男人步伐長度概算，數百步約四百公尺長，等同操場跑道一圈將之拉長加以想像，沿溪兩岸全是合拱的桃花樹無一棵雜木，開滿粉色桃花，花落如雨，鋪在鮮美草茵上、飄浮水面。此絕美之景，《山海經》西王母的花園也造不出來，完全不符合現實世界雜樹亂長勁草叢生的自然生態——忽感，日本櫻花道植法說不定受此文啟發——況且，如果是現實人工所植，桃花源內村莊就不可能不被發現。

作家創作中，對情景理之描寫各有所擅，理行、情至、景現之先後亦各有慣性，或情先至或理先行或寫景當先，陶淵明具畫家之眼圖像思維一流，景現情至理成，幾句勾勒詩中便藏有畫意，尤其具有虛境實景並筆的功力，掌握此線索不難判斷桃花源是筆力所墾。寫漁人入得桃花村所見土地平曠、屋舍儼然、阡陌交通景象更印證是虛構，實應頒發「城鄉營造暨地景規畫大師」動章給他——又忽感，臺灣若有小村仿此營造，必成打卡聖地——文中有五處顯露作者的關鍵意念：避亂、絕境、不足為外人道、遂迷不復得路、後遂無問津者。文至此理甚明，桃花源是陶淵明羲皇嚮往、奇幻想像激盪下墾拓而成的夢土，一個人民耕種自足風俗淳樸、和樂度日世代安生的烏托邦世界，一個放在中國歷史上鮮能實現令歷代讀書人捧讀後淚嘆的理想國，而這個理想國的最低要求僅僅是「安居樂業」而已。

陶淵明的墨水能醉人，當我們陶醉在桃花源傳達「天地人」和諧景象中，繼而佐以杜甫「三吏三別」生民塗炭慘況，或許更能貼近陶淵明寫作時的心情。他不像杜甫直接寫出批判句「朱門酒肉臭，路有凍死骨」，然此文已立下執政對照組，評在其中。題外一感，我心中偉大的作家都站在政權的對立面，不是沒有道理，文人血脈裡本有抗議傳統，在文字堆裡打滾的人每天做的選擇不是「是」就是「非」。假如陶淵明做了另一選擇，還能寫出桃花源嗎？

我一直想忽略卻又多疑地盯著的「晉太元中」這個時間設定，是隨意還是蓄意？東晉孝武帝司馬曜太元年號在三七六至三九六年間，值陶淵明十二至三十二歲，是否太元二十年間發生的事對他有特別意義，藏著深刻的意識流動？作家不會無意義地設定一個時間，猜測或是童年返照或是緬懷欣然青年期或是繫念那段期間的國勢，答案為何，只能攜酒請教陶大師了。

除了前文提及「貧」「酒」關鍵字，陶詩中有兩部分值得細賞，一是無須多言的「田園」，舉凡莊稼農務皆是，其中以「廬」為關節；「吾亦愛吾廬」，此廬不僅指與家人同居共爨的農舍也是自我選擇的歸宿。

二是「自然」，這部分構成陶詩中獨特的精神連結：雲、池魚、鳥、松、菊，借物比興，各有豐富意涵。

左思《詠史》詩「鬱鬱澗底松」、「習習籠中鳥」、「塊若枯池魚」[8]的藝術形象營造應該對他有所觸發，但他發想更狂野，賦予陶式詮釋；〈詠貧士〉其一，以「孤雲無所依」比喻貧士有如空中一朵浮雲，瞬間生滅無人聞問。〈歸園田居〉其一，「羈鳥戀舊林，池魚思故淵」以鳥、魚寫漂泊在外渴望返鄉的自己。〈歸鳥〉一詩鋪寫鳥歸舊棲，直指歸隱抉擇，〈飲酒〉其四：「栖栖失群鳥，日暮猶獨飛……因值孤生松，斂翮遙來歸……託身已得所，千載不相違。」失群鳥喻己，遇到巖間一棵孤生的松樹，託物言志，松之孤立與不凋形象連結純粹且高潔的信念，堅貞不移。

秋天的菊花開得燦美，花性堅忍，誠如蘇東坡詩「菊殘猶有傲霜枝」，在陶詩中菊花象徵清樸適意的生活，〈飲酒〉其七，寫秋菊盛開，採菊花泡酒，獨飲卻悠閒自得。以菊泡酒是晉人習慣，〈九日閑居〉更云「酒能祛百慮，菊為制頹齡」，制頹齡即是防止衰老。〈和郭主簿〉其二：「芳菊開林耀，青松冠巖列，懷此貞秀姿，卓為霜下傑。」並詠菊、松，自證貞秀之心能抵擋外在嚴霜。是以「採菊東籬下，悠然見南山」傳達活在自己選擇的生活中的幸福，寧靜、安適、清閒、無爭，外界種種雜訊譬如昨日死，歸返自己猶如今日生，完整地回到四季運行的大自然與榮枯有序的田園中。

通過時間之篩的好詩是永恆的，成為文學史肌理及民族的共同記憶。讀詩也是一生的事，即使同一作品，年輕時讀與歲晚重閱感受不同；文青時期誦讀，敏銳易感，特別能採摘燦亮金句曼妙文采，流連於詩境之中，看不見作者其實也沒有能力看見。待被風霜醃漬過，眼光深了心也實了，再次捧讀，有老友相逢的感慨，忽然眼熱心暖，心情是感激的——漫長一生走了大半，感謝美好的事物依然存在——更是賞識，看見烙印我心在關鍵時刻給我力量的詩句出自什麼樣的人生來自何種心靈，了解我愛其詩其實愛的是那一顆不與俗爛同流的貞潔之心、那一方俯仰終宇宙不喜亦不懼的靈府。

陶淵明、桃花源，已是文學史的六字神咒，一民族之精神刺青。桃花源，不知撫慰了多少歷代讀者，讓亂世蒼生嚮往。回想自己年輕時被命運鞭笞，無數次神遊其中，陶醉在落英繽紛、沿溪流獨泛小舟的美景裡，前往一個無憂無慮的世界，休憩了疲憊的身心。如今世局險峻，更體會桃花源是所有被戰爭、內亂荼毒的人民的想望，是一個永恆的普世理想。

陶淵明之所以偉大，就在於他忍凍挨餓揮舞一輩子筆鋤，墾拓了桃花源。當政客將人民推向戰火，被焚毀之前，至少還有一塊夢土可以收留。

登於二〇二三年二月號《印刻文學生活誌》

1 參《新譯陶淵明集》（溫洪隆，三民）導讀，提及「小名說」，「陶淵明，字元亮，小名潛」是梁啟超看法，「陶潛，字元亮，小名淵明」是羅翽雲看法。書中將「羅翽雲」錯漏為「羅翽」，需注意。

2 見〈晉故征西大將軍長史孟府君傳〉、〈祭程氏妹文〉。

3 〈歸去來兮辭〉，即是〈歸去辭〉，來、兮皆是語助詞。學者專家判定寫於歸隱之前，錢鍾書亦認為：「辭作於歸去之前，故『去』後著『來』……」溫洪隆稱乃是將要歸去而尚未成行時所作，辭中所寫歸途所見及返家情景乃想像之詞。此說有理，陶淵明偶有想像先行、事實後至的習慣。但是，我從寫作流程揣測，也有一種可能，他先訂題為〈歸去來兮〉，此時辭官意念已生尚未行動，十一月辭官後先寫序——他的序有寫作大綱自我提醒之功，綜觀其作品有個特色，大多有序，他是求醉、常醉之人，若有暈然之感或忙於農事耽擱幾日，序就有GPS導航作用——內文是回家後一兩個月間才寫成，如此說來就不是想像先行而是實錄，文中「農人告余以春及」（春天到了）也就講得通。須知他的寫作條件不寬裕，紙筆墨都要花錢的，盡量避免重抄、謄寫，不像我們現在鍵盤族複製貼上一指搞定，因此偶會出現時間序有落差的現象。當題、序、文分屬三個時間段寫成非一氣呵成時，就會出現這種情形。

4 徐志摩〈北戴河海濱的幻想〉一文，連用二十三個「忘卻」，「在此暫時可以忘卻無數的落蕊與殘紅；亦可以忘卻花蔭中掉下的枯葉，私語地預告三秋的情意；亦可以忘卻苦惱的殭癟的人間……」兩位才子可謂千古輝映。

5 戲劇大師、中研院院士曾永義（一九四一—二〇二二）老師生前亦是愛酒一族，創「酒党」與同好共歡，以「党」代「黨」，立意尚「人」不尚「黑」，自封党魁。撰寫此文期間曾老師仙逝，憶大學時旁聽戲曲選，恍如昨日，老師宏亮的聲音仍在文學院迴盪。數年前新春與好友李惠綿教授、趙國瑞老師受邀至曾府晚餐，那一晚曾老師談興頗濃，歷述面對權勢干擾時之堅持與取捨，暢敘時事品評人物。佳餚美饌豈可無酒相伴，老師當時已有心疾大患被師母管控飲食尤其不宜碰酒，當晚破例備了紅葡萄酒與我們舉杯同賀新禧。曾老師追求「人間愉快」，逸興遄飛，聲情豐富笑靨盈盈，至今依然不忘。

6 關於陶家，真偽資料充斥，有些荒唐到編劇等級，專家所述亦相左。我參採專家所考，依據幾首詩文，見縫設想、穿梭補綴兼自以為是推理，描摹概況如下：

（1）〈晉故征西大將軍長史孟府君傳〉：「娶大司馬長沙桓公陶侃第十女」，據此判斷，陶淵明的外婆也是他的姑奶奶。

（2）〈祭從弟敬遠文〉：「父則同生，母則從母」，父親是親兄弟，母親是親姊妹，是彼此的姨母。據此知孟陶兩家兩代聯姻，關係匪淺。「念疇昔日，同房之歡」，淵明家與敬遠家曾同住同耕。「年甫過立，奄與世辭」敬遠剛過三十歲而逝，祭文寫於四一一年，陶淵明四十七歲，可知兩人年紀相差約十七歲。「相及齠齒，並罹偏咎」，都是在換牙年紀（約六七歲到十二歲）遭到喪父之災。淵明十二歲喪父（參下則），敬遠也在換牙年紀喪父，有注家推測約七八歲時。

（3）〈祭程氏妹文〉：「誰無兄弟，人亦同生。嗟我與爾，特百常情。慈妣早世，時尚孺嬰。我年二六，爾纔九齡……昔在江陵，重罹天罰。」有注家云淵明與妹同父異母，據的就是「慈妣早世，時尚孺嬰」句，且依照祭敬遠「相及齠齒，並罹偏咎」對「齠齒」的解釋得出八歲喪父，因此判定淵明八歲喪父、十二歲喪庶母、三十七歲喪母，此派說法幾乎成為定論廣被採納，然而不能說服我，理由如下：一，無法解釋「誰無兄弟，人亦同生」句。二，如果兄妹兩人在八歲、五歲喪父，家中僅剩母親、庶母維生，到十二歲、九歲時，庶母也死了，更只靠母親獨撐一家。這樣艱困成長，兄妹感情百倍深濃不在話下，今遭喪妹回憶往昔，依照我們對陶淵明這個至情至性、真摯誠懇的人的理解，或者依照人之常情推理，下筆寫祭文回顧童年正是悲傷湧現之際，會只寫庶母死了，不提爸爸早逝嗎？難道這個爸爸讓他恥於開口以致在最可能提及他的紙筆上直接把他當空氣，這說得通嗎？恕我直言，不通不通。另一派偵探型專家查案了，指出「慈妣」應是「慈考」之誤，傳鈔者手癢以為「慈」應接「妣」而擅改之，如此才說得通，妹妹與他是同父同母所生，他十二歲妹九歲時，父親過世。昔日在江陵任所遭逢天罰指的是母喪，時淵明三十七歲。陶淵明的庶母，查無此人！

（4）陶淵明至少有兩位叔父，一是堂弟敬遠的爸爸，早逝。一是太常卿陶夔，見〈晉故征西大將軍長史孟府君傳〉：「淵明從父太常夔」，〈歸去來兮辭並序〉：「家叔以余貧苦，遂見用於小邑」，這個幫他尋門路的叔叔應是陶夔。

（5）〈怨詩楚調示龐主簿鄧治中〉：「始室喪其偏」，三十歲喪妻。〈陶淵明傳〉：「其妻翟氏，亦能安勤苦，與其同志。」應指喪妻後再娶翟小姐。

（6）〈與子儼等疏〉：「然汝等雖曰同生，當思四海皆兄弟之義」，專家考，「曰」應是「不」之誤，指五兄弟非同母所生。至於第一任妻生幾個，不明，有的說生四個，我有點存疑，這進度有點快，至少生了長子儼準沒錯。

7 除了自我化身，也可能是轉化人物；「三旬九遇食」，三十天內只吃九頓飯，此典故原指子思。但從「取琴為我彈」句，也可能指遠古人物榮啟期，相傳孔子曾與他相遇。陶淵明對他敬佩至極，多次提及，〈詠貧士〉其三、〈飲酒〉其二，皆見榮叟身影。

8 左思（二五〇—三〇五）《詠史》其八：「習習籠中鳥，舉翮觸四隅。落落窮巷士，抱影守空廬。出門無通路，枳棘塞中塗。計策棄不收，塊若枯池魚。外望無寸祿，內顧無斗儲。親戚還相蔑，朋友日夜疏。蘇秦北遊說，李斯西上書。俯仰生榮華，咄嗟復雕枯。飲河期滿腹，貴足不願餘。巢林棲一枝，可為達士模。」詠史即詠懷，陶詩中有些詩境與此詩相近。

【讀一首陶淵明詩】

〈歸園田居〉其一

少無適俗韻，性本愛丘山。
誤入塵網中，一去三十年*。
羈鳥戀舊林，池魚思故淵。
開荒南野際，守拙歸園田。
方宅十餘畝，草屋八九間。
榆柳蔭後園，桃李羅堂前。

曖曖遠人村，依依墟里煙。
狗吠深巷中，雞鳴桑樹巔。
戶庭無塵雜，虛室有餘閑。
久在樊籠裡，復得返自然。

＊當作十三年

一個神慕戀一個仙的故事

——當杜甫遇見李白

前言

西元七四四年，李白、杜甫相識，堪稱千年一遇巨星會照。兩年交誼，李白成為杜甫遺世而獨立的兄弟、詩友、知己、仙侶與慕戀之人。一位偉大詩人得到另一位偉大詩人的浪漫情感，成就天地大美。杜甫與李白，就是一個「神」慕戀一個「仙」、共赴永恆的故事。

相約降生

中國辭典裡，有兩個字具有奇妙緣分，同是木部三畫也同是植物，屬性樣貌卻截然不同。此二字即是李與杜。

「李」，薔薇科李屬，山野常見落葉喬木，春天氣息濃厚，每年瘋狂地一次性綻放，花開白燦燦招蜂引蝶，結實累累，果實酸中帶甜望之垂涎，所謂「瓜田不納履，李下不整冠」，可知具有凡人不能擋之吸引力，鮮果、蜜餞俱誘人。

「杜」字多樣，在香草是杜若（杜蘅），在藥材作杜仲，在春花為杜鵑，在果樹有杜梨[1]，甚至晉身松科冷杉屬乃冷杉之古稱，至於化為啼血鳴鳥杜宇，更是跨界了。

「李」取「子」作聲，形貌似一木被一人舉在頭上招搖，風來雨去行蹤不定。「杜」依「土」作聲，土性堅固，貌似栽種得穩穩地能珍藏歲月，穩到能當離鄉遊子老年返家時藉以指認方位的路標。

這兩字在木部家族裡是鄰居，原本安分無事，到了西元八世紀大唐帝國，無事到發慌，竟起了野遊興致。李字說：「阿杜，既然你我也能當姓氏，不如去人間鬧一鬧，說不定幹出一番大事業，有資格給自己的詞條多添個名字。」話才說完，杜字還沒應聲，衝動的李字一晃影奔出去，杜字伸手要攔只拉得李字底下的「子」偏旁，李字一抖說了聲「咱們底下見」，下凡去了。

此際正是人間七〇一年，這一年自春至夏山間田野的李樹像得了什麼天啟，花開得宛如白雲擱淺林間，到處一片雪白，忙壞了蜂蝶。一位遠地經商的李姓男子接獲家書云妻子即將生產，歸途中瞧見美景舒心快活，這可真是個吉兆。不僅於此，臨盆之際，產婦竟然夢見長庚星，這顆星曜在晨稱東方啟明星，日落於西稱長庚星，星相家觀其色為白，白色於五行屬金，稱太白金星。我們一定要先認識這顆星，它在西方之名Venus，源自羅馬神話愛與美女神維納斯，故其天文符號以女神的梳妝鏡表示，占星術中，這顆星掌管愛與美、金錢與快樂。回到李家大院，這落地嬰兒哭聲宏亮，做父親的大喜，給兒子取名「白」，光是白不夠，還要字太白，破了格的命名法，自此天地奇景縮存在這個小嬰身上。

至於杜字，有個「土」偏旁行動不便，一向拖泥帶水，要去不去優柔寡斷，前後安頓遲了十一年（七一二）才落地。出生前，世間父母都沒瞧見什麼異象吉兆，就是個天氣不錯的平常日子，產婦開始肚子痛進入產程，在產婆協助下順利生出四肢健全、長相端正的男嬰，於母親眼中喜獲麟兒自然是大喜大美，母親開金口，對小嬰兒說的第一句話是：「吾子美哉！」這嬰兒被命名「甫」，是一切事物之始，一個未知世界的鑰匙藏在這小嬰身上，字「子美」，彷彿前世記憶密碼，子美要尋找那個棄他不顧的木子「李」。

這兩人降生之地一在極西一在東方，一在富賈之家一在書香門第，距離超過半個帝國疆域，戀家的雀鳥沒興趣飛越且駝背的雨雲抵達不到。幸好「天才英麗」的李白有一雙天南地北腳，自少年起足跡往東移動。當杜甫還在襁褓裡啼哭，天才早發的李白已「五歲誦六甲，十歲觀百家」遍覽群籍且提筆「常橫經籍書，制作不倦」。不僅於此，右手執筆左手仗劍，詩藝與劍術並進。不必呼風喚雨，他自帶旭日風雲。這樣的人，最黑最厚的簾幕也遮不住，他去哪裡，那裡就像黎明剛剛收拾了黑夜，天色大白。

大鵬與駿馬

天寶三年（七四四），冥冥中有一股引力把四十四歲李白往三十三歲杜甫所在之處拉近，近到在街頭喊名字對方聽得到。杜甫不可能不知道名滿天下已成傳奇的李白，但無從判斷李白知不知道杜甫這個人，是以，若要呼喊，理應是杜甫以驚喜至微微顫抖的聲音喊李白大哥才是。

然而，我們有一些前情提要須解決。首先，為何有這場令後世文人恨不得參與其中的「世紀相會」——我甚至認為這次會面影響杜甫一生。由於欠缺直接記載，專家根據杜甫寫贈李白及晚年所寫回憶詩篇，佐以高適、李白同期詩作描摹大概[2]，歸諸為「偶然」，就是那麼偶然」即輕輕帶過，符合學術嚴謹作法但無法滿足古典詩國鐵粉們飢渴的情感需求。整件事在我看來，像偶然中的必然，「前世約定」在詩國子民眼中比「街頭巧遇」更吻合天曲星族的浪漫體質，因此我姑且拉出一條有虛有實的想像繩索，去做不負學術責任的鋪排，大膽地用想像力復刻七四四年那一個永恆之日，讓這兩位詩人在華麗的秋日邂逅。當然，還有一人也參與其中，高適。浪漫詩仙、紀實詩聖、邊塞詩將，三顆星曜互放光芒。

「大鵬一日同風起」，喜以大鵬自喻的李白，七四四這一年暮春，帶著失望與鬱悶離開長安大明宮，結束連玄宗皇帝都被他光芒萬丈的詩才籠罩的短暫「駐宮作家」生活——這齣由詩人、皇帝、寵妃、宦官、奸臣聯手演出的宮廷戲，劇情有皇帝降輦步迎（下轎步行相迎）、御手親自調羹（只差沒餵他）、高力士脫靴（只有他知道李白穿幾號鞋）——在宮裡，他被當成籠中金絲雀，一隻助興的侍宴鳴禽而已。見識過隱藏在帝國錦繡簾幕下的陰暗角落，庸臣、邪宦、猛將、驕妃圍成密不可破的歡場，供給皇帝神仙似的盛世幻界，李白劍術再精也劈不開一道縫鑽進那個世界，陳述自己輔弼明主成就偉業的理想。他很快發現眾人對他投以崇拜目光，那目光就是看待御用寵物才有的忽高忽低、忽羨慕忽輕視的目光。時人傳誦他好大膽子「長安市上酒家眠，天子呼來不上船」，這事是真的，但無人能懂他當時心中怒火旺盛到若上了船恐會燒起來，這船怎能上，乾脆爛醉——即使清醒也得立馬將自己灌醉，醉個你站著我躺著、愈醉愈清醒。「夫天地者，萬物之逆旅。光陰者，百代之過客」，對一個曾與五位同道隱居徂徠山號「竹溪六逸」的人來說，長安榮華不值得留戀；表面上，他因奸臣相讒以不太溫暖的手勢被賜金放還，骨子裡，他是天地遊俠、光陰騎士，隨處可以紮根隨時可以拔營，黃金牢籠怎關得了一個天上謫仙。

離開長安，他快馬且快意地漫遊訪友，往東來到東都洛陽、陳留（汴州，今開封）一帶，也許旅行終點是要回山東的家，但對一個狂風性格的人來說每個方向都是回家之路卻也可能離家越來越遠。

即使四十四歲已到哀樂中年，一般人的青春孔雀羽毛掉得差不多了，但李白的還華麗得很，仍然不可能要求他給一個精確目的地與時刻表，他內在生命時鐘永遠停在大鵬振翼的二十多歲，是天地間罕見能夠衝破光陰桎梏的騎士。我們這些俗子生來集體扮演庸碌角色、孜孜矻矻盡本分守一只飯碗，乃為了空出天地讓李白這種人物盡情揮灑。面對揮灑中的大師，其每一出手，無須質疑只須驚嘆。

李白跟我們最關鍵之不同在於，他怎麼做都爛漫，而我們怎麼做都爛。在他身上，「少任俠，不事產業」是天資異稟的美少年，在我們身上就是遭鄉里唾棄的不良少年；在他身上，「千金散盡還復來」見豪邁大氣，在我們身上就是敗家子。也因此，他成不了祖師爺開宗立派，因為李白只能有一個，無法複製，誰想學李白，恐怕會被訕笑——他出生時李媽媽夢見太白金星，而我們出生時全身沾滿胎便——更無法複製的是他有個氣魄大、胳臂粗的爸爸李客，唐律「工商之家，不得預於士」商人子弟無法參加科考，無礙也，上有政策下有對策，李爸爸用銀子給兒子鋪另一條路，讓李白一年內「散金三十萬」結交有力人士眉頭也不皺一下（當然，其結果是投資失利）。當我們捧著小豬撲滿掂量零用錢夠不夠買一本書時，李白刷的是不限額度的無限尊榮VIP卡。這樣一對父子，如果不想跪下來崇拜，那就站著崇拜吧。反觀我們，既無「富有想像力」的母親為我們做一個金星之夢（很多孕婦只夢到吃的），也沒有「富有財力」的父親賜下銀彈，成不了李白確實要怪父母，但我們也沒這種能力供應兒子，他們成不了李白也要怪我們。

至於杜甫這個年輕人，千萬不要被「詩聖」這枚大勳章給震懾以為三十三歲的他已經功成名就寫出曠世巨作，不，他是晚熟型天才，「三吏三別」、〈秋興〉八首及其他名篇都是後來的事，七四四年前寫就且留下的名詩僅有〈望嶽〉、〈房兵曹胡馬〉、〈畫鷹〉、〈登兗州城樓〉、〈夜宴左氏莊〉等。若跟二十七歲即逝留下二百四十多首詩的李賀相比，這位想都沒想過會在文學史上獲得「詩聖」桂冠的杜先生確實遲了些。他的人生、詩業剛起步，偶爾仍會在追求世俗功名與歸隱山林之間給自己造一場小地震、尋一點小苦惱。在詩藝上他是個玩格律高手，但在人生方向取捨上，他的眼裡仍有迷茫霧色且對箝制人的框架常感不耐。

「詩仙」是天生的，「詩聖」是後天養成。那麼，「詩聖」如何養成？

瀏覽杜甫經歷，會發現一個關鍵字叫「遊」；「遊」這個字及其衍生而出的「寄寓、漂泊」涵蓋杜甫一生甚至連死後也包含在內。杜甫喜歡馬，寫過多首詠馬詩，早年寫〈房兵曹胡馬〉讚美西域駿馬有句：「所向無空闊，真堪託死生。驍騰有如此，萬里可橫行。」可視作以馬喻己，嚮往橫行萬里、驍騰立功的境界。這種想要奔騰的性格與氣勢，很早就顯現在他的詩中，自然會驅動他向外發展去遊歷世界去見識大山大海，因此，從這個角度看，詩聖也可以說是天生的。

我把杜甫的人生版本分成五個時期，前二是：

一、**寄養姑家時期**。據學者推測幼年遭母喪，曾在二姑家居住，不知幾年。

二、**壯遊時期**。這一階段從十九歲「初遊」山西揭幕，接著二十歲，背包客杜甫出發了。

正式展開「第一次壯遊」四年多，足跡遍及吳越即今之江浙一帶。他也有個不錯的爸爸供應他出遊，不僅不必以工換宿，還能輕裘肥馬，配備甚優。二十五歲（七三六年）人在洛陽出現，參加科考，不知該說不意外還是意外，落榜，接著出現在時任兗州司馬的父親面前。

我運用想像力推測，這個年輕人必須面對來自長輩的關愛眼神與語聲；有善意的，如母親般的二姑母拉著他的手，勸他也該成家立業了。也有不懷好意的，譬如繼母提醒父親：「你這兒子都幾歲了，不事生產不尋前途，還花家裡錢四處玩，你要供他到何時？也不想想給弟弟們做個榜樣！」以致父子難得見面說不到三句話聲音就拔高了。

料想是被父親訓斥一頓，且這回察覺父親也有老態，善良敦厚的他心事重重，一個人出外散心登上附近的城樓。縱目於山巒平野，緬懷秦碑魯殿千古幽情，一股歷史滄桑感襲來，迎風口占一詩，末句「從來多古意，臨眺獨躊躇」已不似先前寫泰山「會當凌絕頂，一覽眾山小」的豪情壯志。玩味「躊躇」之意，猜測此際心情跟躊躇滿志無關，卻有幾分惆悵與猶豫。

我繼續想像，這個失意年輕人回到書房援筆立就一首五律，定題〈登兗州城樓〉。墨汁未乾，攤在桌上，父親看見了，頻頻點頭。正巧杜甫進來，父親臉色舒緩似有笑意，問他誦不誦得祖父〈登襄陽城〉詩？杜甫隨口誦出，父親得意地指著：「你這兩句『浮雲連海岱，平野入青徐』有他『楚山橫地出，漢水接天迴』興味，閎逸渾雄是咱們杜家家法，莫忘莫忘。」最後說了一句讓做兒子的終生不忘且後來拿來勉勵自己兒子的話，父親說：「**詩是吾家事**，你好生為之。」好大的口氣啊，意思是，大唐詩壇就看你了！

正是這一轉折，父親繼續供應他「第二次壯遊」遊齊趙約四五年的資費，即使繼母嘮叨亦不為所動。第一個看出杜甫詩才異於他人，不催逼他去擠功名窄門，養著讓他踏遍山川湖海、見識人間疾苦的正是他的父親杜閑——有什麼比得上在兒子杜甫身上看到父親杜審言影子更讓他欣慰！

結束「第二次壯遊」，七四一年至七四四年，他在洛陽、偃師（洛陽附近）、陳留（開封附近）間奔走，築室首陽山下，操辦家族墓塋事務。這幾年家運不濟，父親、有養育之恩的二姑母、繼祖母一一辭世，他必須像個長子——據說有個哥哥，可能早夭，另有三個（一說四個）同父異母弟弟——扛起責任之軛。我們後來知道他肩上的擔子越來越重一輩子卸不下來，當然此時他尚未感到吃重，依專家推估甚至還沒結婚。一個三十三歲大唐帝國男子家世不錯尚未成家，只有兩種可能，若非他追著媒婆跑卻無人搭理，就是媒婆們撩起裙角追著他跑而他置之不理。基於對其性格之了解與敬愛，我判斷是後者。如果活在現代，說不定他早就寫下不婚宣言。

題外一話，杜甫是我閱讀過的古典詩人中，前半生表現得漠視婚姻卻在後半生守護家族家庭像一個天生負軛者的異數。其性格具有特殊延展性與包容度，能從自我不斷地延擴至他者；做兒子就像個兒子接過家族擔子，做哥哥就像個哥哥把好處都讓給弟弟（題外再題外，若要選拔文學史上「最佳哥哥獎」，杜甫、蘇軾都有資格角逐，但蘇軾愛的是同胞親弟弟一個，杜甫愛的是異母弟弟三個，更難得。至於競爭激烈的「最差哥哥獎」乃皇室專屬，文壇不需要，若有文壇保障名額，那就推薦曹丕吧），做丈夫就像個丈夫忠實於婚姻，做父親就像個父親寶愛兒女，做朋友就像個摯友一生念你愛你，接近民胞物與、褓抱提攜的大地之母胸懷。他確實是我認識的古今作家中最具有「母性光輝」的，萬事萬物在他心中都是最柔軟的那一塊，完全配得上一個「聖」字。當然，此時他還在享受最後一段擁有自由的時光，心裡知道必須盤算卻不大願意去想，下一步人生該怎麼走。

更糟的是，原本圍繞在他四周關愛的語聲止息了，三個最愛他的長輩皆逝去，他未曾像這兩三年感受天地間只剩自己一人的荒蕪感，多麼渴望有一個能對話的人，一個能敲開鬱悶心門讓春風吹進來的朋友。

千年一遇，巨星會照

那一天終於來了。

深秋季節，滿山遍野樹林轉紅將秋意渲染得更濃，空氣中流盪著穀糧、碩果收獲後的餘味，一股豐實的甜香在街道、民宅間瀰漫，一日日天涼如霜，勤快人家已經著手裁製冬衣了。

這日，尋常中透著不尋常。人在陳留繼祖母宅院處理遺產雜事[3]的杜甫，在不必出門的冷天忽然想外出辦一點無關緊要的小事。他喜歡到處晃晃，一點也不宅，既然出門且整日未食，自然往街上那家小酒館行去，說不定能遇到幾個消息靈通人士暢談天下事。彩霞初現的黃昏，正是時候來一壺溫酒。

正是時候的不是送上桌的酒，是天外吹來一陣神奇秋風，把小酒館店旗吹得劈啪作響，捲起的枯葉尚未落地，院子傳來小廝繫馬之聲。忽然門開，一團光芒竄進來，一個高頭大馬華服男子在杜甫旁邊桌子落座，解下披風、寶劍往桌上一擱，說了聲：「好地方！」眼神炯炯然環視一圈，落定在杜甫身上。杜甫剛剛斟好一杯酒未飲，聞聲轉頭，兩人四目交接，眼睛一亮。

中國古典詩壇偉大的兩顆恆星，相遇了。

接著奔進來的人大嗓門地報了長安來的「遮先」，所有目光聚集在華服男子身上，交頭接耳問遮什麼先不先的？

剎那間，杜甫心跳加速耳根竄紅，一屋子只有他聽懂「謫仙」，天啊，這怎麼可能？這是夢嗎？這竟是真實，眼前男子頭裹烏紗巾、身上隨意披著繡花紋紫皮衣，身材高大姿態不凡，頓時見他彷彿置身高峰頂上對著三千丈水瀑舉杯獨酌。古往今來沒有第二個人被叫謫仙，源自詩國靈魂與靈魂相認方有之怦然心動，杜甫不假思索迎著他的目光，誦念：「君不見黃河之水天上來，奔流到海不復回。君不見，高堂明鏡悲白髮，朝如青絲暮成雪……」

紫裘男子仰天一笑，眼睛放光，像老友重逢，豹子一般躍起，移到杜甫這桌坐下，一隻手重重地拍他肩膀且不移開以致日後杜甫無數次回想這一刻尚能感受手勁之重手溫之熱，接誦：「人生得意須盡歡，莫使金樽空對月啊……」語畢，拿起杜甫未飲的那杯酒一飲而盡，且斟滿杯送回杜甫面前，杜甫接下亦好痛快一飲而盡。兩人對看，臉上同時綻放笑容且笑意盪開像湖面止不住的漣漪，這是見到心喜心愛之人才有的表情，彷彿多少光陰積累、地域阻隔而成的關隘，瞬間崩塌為灰塵為不值一哂的浮花碎屑，彷彿等了多少年你欠我同杯共飲之約、我欠你目遇成情之諾，這一刻天地成全，圓了。

圍過來的人七嘴八舌替他們傳播，這是鼎鼎大名人稱「李翰林」（翰林供奉）的李十二白、那是青年詩人杜二甫，一條小桌被圈成即興開講的座談會，人人站著聽他倆講話，語聲沸然笑語沖天。李白自有分際不怎麼宣講宮廷的事反倒連珠砲似地問杜甫遊歷腳蹤，年輕的杜甫受此鼓舞竟出乎尋常地滔滔不絕起來，臉上泛起紅光——他本就是意見多、喜高談，平日壓抑像棵高山冷樹，遇到對的人也能舌燦蓮花。

正當熱鬧之時，又有人開門，進來的是幾日前才相識今日應李白之約來會的高適（字達夫），一眼看到那邊一團燦燦的光必是李白所在之處，卻擠不進去，只聽得一個陌生且高亢的聲音提到開元二十四（七三六）年落榜後讀到〈將進酒〉，當下一顆心如此這般悸動，一掃鬱悶，決定第二次出遠門往齊趙去放縱放縱不打算回來了，眾人拍手叫好，不知是悸動值得叫好還是不回來值得喝采；群眾總是如此，三人聚著還能有點理智，超過十人圍聚碰上情緒高漲話題那就一屋子都成了醉漢，沒酒也能鬧得東倒西歪。僕人向李白稟報高三十五爺已到，李白瞧見，遠遠地招手：「達夫，你快來見見子美！」且轉頭對杜甫說：「子美，你把買船渡海那一段跟他說說！」杜甫一見高適喜出望外，多年前漫遊齊魯時曾見過面但不熟，經李白三言兩語一針穿梭竟像故舊，客套話免了，坐下，直接喝酒。

「憶與高李輩，論交入酒壚。兩公壯藻思，得我色敷腴。」（〈遣懷〉，見注7）

二十二年後老年杜甫回想李白、高適面露喜色與他結交這一幕依然情感澎湃，「得我」比「識我」更深一層，相識猶如重逢，心已等待得太久太久。

小酒館裡，這三顆星曜以四十四歲李白最長也最亮，人生、詩業皆達高峰，被「賜金放還」之後下一步未明。高適三十九歲，曾科考不第，求仕之路不順前程未定，居在睢陽（即宋州，今河南商丘）的虞城家中耕讀，這一年離家尋找機會來到陳留訪友，與夏末即到此盤旋的李白會過面了。杜甫三十三歲正當青壯，二十五歲那年考過一次科舉，落敗後至今拿不定主意要不要捲土重來，他對大考興趣不大，但也明白除此之外其他門路都曲折。

這三人各有奇特聯結，高適尚武能詩，上過戰場平亂，嚮往立功封侯，與李白仗劍行俠之風相應——但誰也沒料到，下一次命運讓他們靠近，是在涉及永王李璘案的剿滅行動裡——杜甫喜壯遊、善詩，若要與「五歲誦六甲，十歲觀百家」的李白應對詩文，出身書香門第祖父杜審言乃初唐名詩人、「七齡思即壯，開口詠鳳凰」、十四歲即在藝文聚宴出入的杜甫比起高適更能與他平起平坐。而高適與杜甫不僅是河南府同鄉也同遭科考不第，正走在歪歪斜斜的求仕路上，同有天涯淪落人之感。

巧的是，三人都站在人生轉彎處，正需要一次放縱、一回吶喊、一起粉碎胸中塊壘。這一天，繆思之神作主，把命運之神綑綁於門外老樹下，不想明日只要當下。

秋月清亮、星空熠熠，小酒館裡遍燃紅燭，燭光搖曳，酒香四溢，三個正當學思盛壯之年的男人，要談學問、古往今來詩歌演進史，能談；批朝政論外患講征討，能談；學道求仙訪隱舞劍，也能談；行旅名山古剎、遊蹤五湖四海，見識奇風異俗、考察民瘼，更能談。三人皆善飲，李白杜甫天生有一副酷愛酒精的喉嚨，醇酒入焦喉，酒興談興俱發。

小廝們已在旁處窩睡了，這三人像大部分具有「酒精性格」的人一樣，一旦酒逢知己言談契合必定要一醉方休，誰也不許坐著，要喝到一起跪下趴下躺下為止——中國詩史等同一部酒史，依照三人傳世詩歌中酒精含量判斷，最先擺平的應是高適（畫面想像：兩名小廝半抬半拖高爺到後面客房睡下）。李白酒量深不見底，〈襄陽歌〉：「一日須傾三百杯」，〈將進酒〉：「會須一飲三百杯」，以三百起跳。杜甫也不差，晚年邀朋友喝酒有句「宜速相就飲一斗」（你快來跟我喝一斗吧），我們今日邀朋友「喝一杯」著實小家子氣，他們動不動以一斗起跳，一斗酒約今日六千毫升，李白三百杯約莫也是一斗。這兩個男人一次開喉能否各灌一斗我甚懷疑（題外感想：幸好他們不是現代詩人，沒有一家出版社老闆、總編輯有「雅量」承受這種「酒量」），不過唐朝釀酒技術尚未有蒸餾法，以米、酒麴釀出來的酒渾濁略帶綠色、度數低、甜味且黏稠，猜想跟煮酒釀湯圓的湯差不多，葡萄美酒則較高檔一些。即使酒精濃度低，喝多了也有酒勁，但杜甫比李白年輕十一歲體能應較佳，拚酒看酒量也要看年紀，我猜他倆不分軒輊，喝到手舞足蹈，最後，動作遲緩勾肩搭背分寸沒了、講話耳鬢廝磨舌頭大了，像兩條紅泥鰍，意識沉睡身體以慢動作一起倒下，小廝們費好大的勁才將他們搬到距離最近的床上。

寫給李白的第一首詩

酒逢知己千杯少，一次同醉豈能就此作罷。次日起床，吃過熱呼呼此地家常美食酸漿麵條，三人恢復成三尾活龍。

宿醉晨起之人有個特徵，不記得事件、動作、談話，只記得一團昏昏騰騰、飄飄搖搖的感覺，以致三人同感彷彿初相見尚未敘談，不捨就此分別。

外頭是個好天氣，秋陽暖和似酒，銀杏樹葉迎風飄下黃金雨，空氣清新，如此良辰美景身邊又有志趣相投之人，用來道別是個罪過，應當一起揮霍。既已共醉過，更要醒著同遊；李白是個行動派，杜甫聽到出遊渾身活絡起來——這兩人不當詩人很適合開旅行社專營文史深度旅遊——高適上過戰場更是四面八方人，三人都有豪爽一面，立即策馬，說走就走，一鼓作氣登上附近古蹟「吹臺」（開封附近），杜甫〈遣懷〉有句：「氣酣登吹臺，懷古視平蕪。芒碭雲一去，雁鶩空相呼」記錄這一趟旅遊。這四句提到兩處景點，一是吹臺一是芒碭，為什麼去這兩個地方？懷的是哪一種思古幽情？

對這三人而言，吹臺是一千三百多年前晉國樂師師曠吹奏古樂之臺，漢梁孝王加以增築後常在此演奏，稱得上是與天地同歡的露天音樂臺，在山高之處，登上才能緬懷古蹟一覽平野秋景。

樂師師曠何許人也，他眼盲耳靈，自稱「盲臣」，據傳〈陽春〉、〈白雪〉是其譜作。關於他的傳說有「師曠撞琴」一事；晉平公與眾臣歡宴，酒後失了分寸，得意自言沒有比做君王更爽的了，講話沒人敢反抗。師曠一聽，站起，拿起琴砸向晉平公，晉平公躲開，琴砸到牆壁撞出凹痕。晉平公怒問師曠你這在幹什麼？師曠故意說：剛才是哪個小人在你旁邊胡唚，我非砸他不可。晉平公自知失言了，留下牆上那個凹痕，以作自我警惕。

這個故事美在「直諫」，臣敢諫、君受諫。身在師曠撫琴之處，料想這三人同生景仰，誰敢當最高權力者身邊的諫臣，哪一個掌握最高權柄的人容得下諫臣？李白剛經驗過宮廷生態，懷古滋味必然複雜吧。而杜甫，「師曠撞琴」對這個年輕人有沒有起一點觸發？有，十三年後安史之亂期間，他在鳳翔行在肅宗朝當「左拾遺」（職掌規諫朝廷缺失），直諫肅宗罷房琯相之事，惹惱臨危登基、尚待立威的皇帝，下令逮捕他，後經宰相力保方赦。諫之可成不可成，需看人事時地，杜甫氣壯骨硬，個性裡有讀書人浩然正氣與剛正的脊梁骨，經此事並未讓他閉嘴，該說的話他一句也沒少說，居然也沒被割舌頭，這樣的人是詩壇天縱英才，同時也是官場上最易中箭落馬的人，詩壇與官場絕非魚與熊掌兼不兼得的關係，是水火不容。

另一景點「芒碭」並不在陳留吹臺附近，這四句詩提供較清楚的旅遊路線圖，容我推測，他們在陳留酒館喝得酩酊大醉後，次日登吹臺一遊，遊興未盡（畫面想像：三人同聲相應、同氣相求，一個拉著你的手不讓你走，一個手被拉住其實不想走，另一個一手被拉一手拉人說小弟都聽你們的），詩人們瘋起來豈會輕易罷休，於是相攜旅行到一百五十多公里外的商丘，高適家在虞城離商丘不遠，說不定他當起導遊，訪友、遊覽、吃美食——豪華版想像是，「洛陽水席」興於唐代洛陽，他們來到繁榮大街，一定驚動當地官員、文友、士紳，設宴款待，吃了一頓澎湃的「洛陽水席」——芒碭山是附近著名景區，自然不會錯過。

芒碭山群甚廣，在河南永城北屬皖北丘陵西延部分，海拔兩百多公尺。據《史記》載，劉邦身為亭長時於豐西大澤縱犯、斬白蛇均在此附近。「芒碭雲一去，雁鶩空相呼」高祖之後芒碭已無帝王雲氣繚繞，想必三人登山時天氣晴朗，只見空中雁鴨呼叫翔飛。不知他們是否倣效魏晉名士，登高望遠之時既吟且嘯，以他們都有曠放不拘性格推想，豈只是靜靜坐在石上歇腳而已，應是各自朝高空長嘯狂歌一陣，喊啞了喉嚨方休。

大約在這期間，杜甫寫了一首詩**〈贈李白〉**，就詩意看應是相識不久，也許是在商丘旅店寫的。詩云：

二年客東都，所歷厭機巧。**【自省】**
野人對羶腥，蔬食常不飽。
豈無青精飯，使我顏色好。
苦乏大藥資，山林迹如掃。

李侯金閨彥，脫身事幽討。
亦有梁宋游，方期拾瑤草。

這首詩很奇特地有一種「自省」意涵，回顧自己過去兩年在洛陽的生活，厭倦勾心鬥角的現實世界，抱怨周遭環境無修煉條件，山林裡藥材都被掃光了，好像對李白陳述什麼或解釋某一件事之所以做不到的原因。寫給初相識且同遊之人的第一首詩，竟跨過客套讚詞或一般慣見的記遊同樂而直接掏出了心，說出心裡話，這不尋常。末四句足堪玩味，讚李白是金閨（金馬門，漢代宮門，候皇帝召見之處）碩彥，重點在，如今脫身了能專事訪幽求道，最後兩句提及開封、商丘之遊，重點在，「方期拾瑤草」，相約一起修道。

這首詩不能從「詩聖」高度看，需從一個後輩詩人面對偶像的角度看，才能讀出自省、解釋、追隨的意涵。當此時，杜甫當然不可能預知這輩子會寫給李白幾首詩，但作為第一首詩，它透露了「青年杜甫」結識「中年李白」所發動的情感樣態：真摯帶著崇拜，自省而起意追隨。當我細細讀得這份情感，往下，杜甫對李白的「深情」都可以得到理解了。

詩人的薩伐旅

旅行仍在途中。

我們不知道他們是幾日夜之遊，時間不重要，命運之神仍被捆在樹下尚未脫身，繆思之神繼續作主。除了芒碭遊山，根據杜甫晚年另一首長詩〈昔遊〉（見注7）首八句所記：「昔者與高李，晚登單父臺。寒蕪際碣石，萬里風雲來。桑柘葉如雨，飛藿去徘徊。清霜大澤凍，禽獸有餘哀。」出現兩個景點，登單父臺（又名琴臺、半月臺、子賤臺）及大澤狩獵。

這三人顯然玩瘋了，佐證李白詩〈秋獵孟諸夜歸置酒單父東樓觀妓〉、高適〈同群公秋登琴臺〉應指同一行程。孟諸大澤在商丘東北虞城西北，單父臺在山東，有地緣關係，兩處皆是不可錯過的景點。高適詩題用「群公」，推測後來應有其他文友加入變成藝文雅集。如果有專業導遊讀這幾首詩，必能立刻排出行程表，芒碭登山、遊覽單父臺、孟諸大澤打獵是表單主要行程，旅遊主題就叫「詩人的薩伐旅（Safari）」。

唐朝尚武風，民間習武、騎射、打獵是尋常活動，連女性也持弓箭參與。這三個詩人騎射功夫應不差，論驍勇，上過戰場的高適居首、李白排二，杜甫出身詩禮之家大概略遜（題外，他晚年還曾騎馬摔倒）。我依據他們對狩獵描寫推測最能享受薩伐旅樂趣的是李白，觀其〈秋獵孟諸夜歸置酒單父東樓觀妓〉詩，題意：「秋天在孟諸大澤打獵，天黑歸來，在單父東樓設酒席、觀賞歌舞。」詩分三大段，二三段寫獵、宴事：「……駿發跨名駒，雕弓控鳴弦。鷹豪魯草白，狐兔多肥鮮。邀遮相馳逐，遂出城東田。一掃四野空，喧呼鞍馬前。歸來獻所獲，炮炙宜霜天。出舞兩美人，飄颻若雲仙。留歡不知疲，清曉方來旋。」充滿場景調度、聲影畫面，好似拿蘋果手機啟動電影效果錄影。這就是李白厲害的地方，他的詩直接跟讀者腦神經連接轉碼成影像。我們須花一整天跟拍剪輯配音上字幕，大師六十個字解決。別的不說，「一掃四野空」怎麼拍？還得出動空拍機。

李白詩不適合素食者讀，讀不出那種被觸發的飢渴感；能喝上幾杯的，讀這首薩伐旅詩會讀到牙癢喉乾，恨不能鑽進詩裡同吃烤肉、乾杯喝酒。反觀杜甫，出乎意料地，無專詩記錄這場秋獵，僅在晚年回憶提上兩句「清霜大澤凍，禽獸有餘哀」。李杜兩詩都出現霜，可見是個霜凍天氣，草地霜白接近微雪，寒風呼嘯如刀片劃臉，手腳凍僵還要馳馬逐獵，考驗體能。杜甫極度怕熱（可能是詩人中最怕熱的，有幾首詩寫熱到躁狂），但不知是否畏冷，李白有滋有味寫大冷天最適合烤肉，杜甫眼見的卻是「禽獸有餘哀」；捕獲的狐兔發出哀鳴被活宰，割喉放血除毛切塊，成為熊熊火堆上散發肉香的野味，這過程對他甚有壓力，證之於詩集中對動物的態度，我判斷杜甫心軟不忍殺生。至於李白，少年時曾「手刃」仇人，殺小動物對他來說屬「小菜一碟」。

雖然不忍禽獸有餘哀，不過，若刷上麻辣烤肉醬，烤得外皮焦黃酥脆、肉質鮮嫩噴汁，手上正好有酒，那又是另一回事。畫面想像：李白拿起兔腿咬下一口，移到杜甫嘴邊說：「子美，你嚐嚐！」杜甫吃不吃呢？當然吃，再不吃，快被高適掃光，軍人吃飯速度之快自古皆然。

三人相識、美食與薩伐旅之行在冬天告一段落，約一個月同遊終須分手。料想是高適先告辭往東遊歷，前一夜為他設宴餞行喝得大醉那是必然，次晨高適啟程時那兩人未醒也是必然。接著動身的是李白，欲往北海郡拜謁高天師受道籙正式成為道士接著回山東家。這回沒喝醉，因為杜甫珍惜單獨與他相處的時光，要依依不捨地送他，送到城門口再往前，柳蔭下陪他一段，長亭外繼續走。談詩論文有贊同有反駁有發想，你一言我一語，話說不盡，直到四野莽榛蔓草杳無人煙，一條小路直通天涯不能再送為止。題外，十八年後七六二年，杜甫送今生最重要知己、情同兄弟的嚴武入朝就是這麼個送法，從成都送到綿州一百六十公里遠（相當於臺北到臺中），這是他對朋友至情至性的習慣，我因此反推他年輕時就會這麼做，更何況這個人叫李白。

現在只剩杜甫了。結束這一年與李白的第一次漫遊，一個人落寞地踏上回洛陽的路，雪花追隨著他，緩緩飄落。

這個深秋、初冬像一場太短太歡的夢，他頓覺心重了腳步也亂了。重，因為心裡多了一個人，亂，因為不知該往哪裡去。

回到洛陽，諸事索然無味。與李白「拾瑤草」之約盤旋腦海，尋一個麗日，渡河至王屋山探訪某位道士（代稱為「華蓋君」）。但這一趟訪道之行變成登山獨遊，「華蓋君」已辭世，他為之悵然甚久，久到晚年還念念不忘寫了〈昔遊〉、〈憶昔行〉兩詩追述探訪過程，詩句有「千崖無人萬壑靜，三步回頭五步坐。……松風澗水聲合時，青兕黃熊啼向我。」可知是一趟不輕鬆的路程。我猜測，若不是「華蓋君」已逝，他會在那裡待一段時間。兩詩至晚年才寫出，可見杜甫有個特別的傾向，有些事埋藏心裡，時間過了很久才寫出。

年輕杜甫自何時起想習道學仙？在認識李白之前，其作品讀不出有明顯的仙跡道痕，兩次加起來「快意八九年」的壯遊經歷也未聞有隱居、訪道之舉。清楊倫說：「太白好學仙，樂天專事佛，昌黎仙佛俱不學，子美則學佛兼欲學仙；要亦抑鬱無聊，姑發為出世之想而已。」此說切中肯綮。雖說唐朝尊道教，玄宗甚至親注《道德經》，但我讀杜詩，怎麼讀都覺得他全身每一塊骨頭都是儒家的，骨性跟李白截然不同。以他的聰明才智難道不自知？如果自知屬性而依然心嚮往之甚至縈繞心頭不忘，則這份心不是自內生出而是自外牽引，牽引的力量來自哪裡？當然是李白。壯年李白在年輕杜甫的心湖映下一處遺世獨立的純粹世界，一個「與我同行」的美麗邀約。

第二次詩人會

如果詩人們太短太歡的旅遊只限一次秋冬，往下的故事便不同。奇妙的是，次年仍歸繆思之神管轄，適合知己重逢，杜甫與李白有了第二次漫遊。

我綜合洪業、郁賢皓之見疏理脈絡，次年（七四五），李白杜甫至少相見三回：春天在魯郡，訪道；夏季在齊州，詩會；秋日在魯郡，訪幽、揮別。有沒有可能兩人從頭到尾形影相隨，無考，幾日夜偕行則是確定的。

話說薩伐旅分別約兩個月後，春風融化積雪、鶯鳥在枝頭歡啼之時，杜甫的身影在魯郡（即兗州，七四二年改名）出現。

為何重返他父親曾任司馬的兗州，令我好奇。此時父親已辭世數年，早已物換星移，固然舊識仍在，但以他三十四歲人生階段似乎不應把重心放在舊地重遊。當然，這是受「功名時刻表」宰制甚深的人才有的功利性淺見，須檢討。

我不得不猜測，李白是個關鍵；他家在東魯（兗州、曲阜一帶），這是巧合嗎？應該不是。他具有超凡魅力，能讓跟他相處過的人覺得意猶未盡、思念日深，李白對杜甫具有吸引力，故杜甫特來相見，赴「拾瑤草」之約，其次才是訪舊探親，更重要是，給自己最後一次機會「自我探索」，求道與求功名兩條路該如何抉擇。換個角度看，把此年視作來當實習生見習隱士生活也是可以的。

他租住在城市東郊石門的一所房屋，石門指此處山上有兩塊岩壁像兩扇門相對，他可能住在山腳下，曾上山尋訪一位張隱士，寫〈題張氏隱居二首〉[4]，其一：「春山無伴獨相求，伐木丁丁山更幽。澗道餘寒歷冰雪，石門日斜到林丘。……」顯然不止一次單獨拜訪張隱士，似乎真的對修道興起熱忱。接著，當然與李白見面。當此際，李白一生至交元丹丘隱居於離此不遠的東蒙山，杜甫隨李白拜訪他，這一段經歷在晚年所寫〈昔遊〉亦提及。

除了訪幽，依照杜甫在另一詩提到「醉舞梁園夜，行歌泗水春」判斷，他們也在泗水畔春遊歡歌，共賞春景。有沒有喝酒？這不必問了，如果有人說經過酒測他倆滴酒未沾，想必千年來數萬學者沒一個人會相信。人生在世，花多少時間跟討厭的人喝酒，如今知己相逢，不把酒言歡更待何時。

轉眼夏天，他倆身影在齊州（又名臨淄、濟南）出現，是結伴同行還是分別前往，學術偵探們找不出線索，似乎都希望他倆相處時間愈多愈好，這種情感意向很值得細究。

為何到齊州？杜甫舊友李之芳任職齊州，邀其族祖北海太守李邕來會，李邕很早就賞識杜甫（「李邕求識面，王翰願卜鄰」），與高適也是舊識，自然要邀齊，李白亦在列，一時眾多詩人、名士齊聚歡宴，陪同六十七歲老前輩遊歷山的歷下亭等優美景區——兩年後李邕被李林甫尋得把柄在皇帝面前參上一本致死，齊州詩會是他生命中最後一場大快樂——各人皆有詩作誌記，那時代的人，酬酢間大都有詩唱和或相贈留下交誼線索，等同於當今社群上照片，看出誰與誰同框、比愛心。

飛揚跋扈為誰雄？

歡快的夏天轉眼如煙，齊州詩會後各自星散，高適隨李邕回北海郡，李白返家、至東蒙山會元丹丘，杜甫往北至三十多公里的臨邑縣探望擔任主簿的大弟杜穎。

猜想這位疼弟弟的老哥絕不會空手去，說不定帶上滋補聖品東阿阿膠及一大袋濟南名產核桃給他補補腦。回想四年前，黃河氾濫決堤，臨邑淹大水，身兼水利工程防務的杜穎來信提及此事，杜甫寫了一首詩當作回信寬慰他，詩題即前言〈臨邑舍弟書至，苦雨，黃河氾濫，堤防之患，簿領所憂，因寄此詩，用寬其意〉。

這是杜甫現存的第一首排律，二十四句一氣呵成；寫暴雨洪害「二儀積風雨，百谷漏波濤。聞道洪河坼，遙連滄海高」，寫災情「燕南吹畎畝，濟上沒蓬蒿。螺蚌滿近郭，蛟螭乘九皋」，寫民損「白屋留孤樹，青天失萬艘」，末聯「卻倚天涯釣，猶能掣巨鼇」恨不得有一支能翻轉天地的釣竿，把這隻鬧水災的巨鼇釣起來。全詩彷彿陪老弟指揮防汛救災，具現場即視感，詩中「舍弟卑棲邑，防川領簿曹」點明弟弟身處第一線，一個卑字一個領字含著憐惜，無法翻譯的意思是：我這個有大才幹的弟弟屈居在臨邑小縣當個小官，身為文書簿曹還要兼領那麼繁重的水利防務。宛如隔空擁抱弟弟，說你挑重擔哥哥我都知道。杜穎收到哥哥這麼暖心的詩一定很感動，文學寬慰人心的力量不是一句「你辛苦了」、一盒蘋果、一份獎金能比，它滲透到靈魂的每個毛細孔，滋潤、鼓舞、肯定使之更加茁壯。老哥可以寫一首律詩給弟弟也是安慰，但他一出手就是排律，看這個細節，更能體會杜甫用情深厚。

臨邑縣到了，初秋豔陽仍有餘威，怕熱的杜甫抵達官衙一杯水未喝完，外頭一條人影朝他奔來，頭戴斗笠衣上沾泥，大喊：「阿兄，阿兄你來啦！」兄弟重逢，相擁甚久同感心酸。這幾年接連出事，父親、長輩都不在了，有家道飄搖之感。杜甫看到弟弟被堤防版築工程折騰得一臉黝黑比以往清瘦，心疼得不得了，一直問他都吃些什麼。這份情緒，在他心裡縈繞著。兄弟倆有說不完的話，光說起其他幾個弟弟及妹妹的近況，第一個晚上就說到半夜。杜甫還把處理繼祖母遺產所得大部分給了弟弟們，不免憶起幼年在那老宅淘氣的事，只有沉浸在往事裡，消散的快樂才又回來。

相處幾日得走了，做哥哥的千叮嚀萬囑咐：「你不能再瘦了，給我寫信啊！」弟弟直說：「我知道我知道，阿兄別操心！」臨別，杜穎硬是往哥哥衣袋裡塞一包錢，在他眼裡，這個同父異母的哥哥是天底下最好的哥哥，勝過別人家同父同母的，這幾年操辦家族諸事也累出風霜了，心中一酸，待哥哥的馬奔去，背影漸遠，才讓眼淚掉下來。

〈月夜憶舍弟〉是我們這一代少年時必背的：「戍鼓斷人行，邊秋一雁聲。露從今夜白，月是故鄉明。有弟皆分散，無家問死生。寄書長不達，況乃未休兵。」兄弟情盡在其中。

杜詩中寫給弟弟們加上他詩提及的超過三十首，後期身處亂世音信斷絕，甚至有「我已無家尋弟妹」悲泣之句。後來聯繫上，弟弟來成都探他，要走了，老哥寫〈送舍弟潁赴齊州〉，不只一首，連寫三首，有句：「風塵暗不開，汝去幾時來？兄弟分離苦，形容老病催……」可想見這個哥哥一直問：「你什麼時候再來啊？你什麼時候再來啊？」

亂世人如草芥，每次相見猶如最後一面，惜別卻不能不別，即使千百年後我們讀到「我已無家尋弟妹」、「兄弟分離苦」這般真情苦語，也要紅著眼眶。這樣深的感情，料想兩人分別時必定抱在一起哭成一團。

可惜，杜甫的手足身教對後世影響不大，世間大部分做弟弟的沒福氣有這種哥哥，做哥哥的也沒那麼多感情愛弟弟，而且愈老愈「餘額不足」。我完全讚賞杜甫風範，做哥哥的要先愛弟弟才是王道，不然，難道要晚出生的弟弟先愛你這個癡長幾歲的哥哥嗎？當然，弟弟也不能把哥哥的愛當作自來水，浪費久了，水資源將匱乏。

不多時，美好的金秋降臨。照理說，杜甫應該回洛陽才是，但他的身影又在魯郡石門出現。有學者認為，他太想念李白又來魯郡相聚，此說不無道理。

這是他們同一年第三度見面。回到石門的杜甫仍有不少外務，大宴小酌、探望回訪，李白應該也在其中。飲宴總有歇止之時，四周安靜下來，想起不久前一向欣賞他的李邕老前輩語帶期許、望他去尋一展長才的機會，想起弟弟年紀輕輕髮色早霜，對照自己這一陣子生活，內心深處另一個自己發出喟嘆之聲。第二首**〈贈李白〉**應是寫於此時，詩曰：

秋來相顧尚飄蓬，未就丹砂愧葛洪。
痛飲狂歌空度日，飛揚跋扈為誰雄？

【自愧】

此詩常被引用，如何解，專家各有高見。有三種解法，一說指李白，規勸他莫狂放不羈、虛度時光，故有此詩是「白一生小像」之評；一說前兩句指自己，後兩句指李白；一說指自己。

我贊同洪業看法，「（此詩）常常被誤讀和誤譯。漢語中的詩歌語言總是很簡潔，人稱代詞一般都被省略。這裡，不能夠加上第二人稱，否則看上去好像年長的詩人被當作一個頑劣孩子一樣被斥責。」

當學生時，老師說這首詩指李白，就這麼信了。一直以為只有李白才用得上狂歌痛飲，只有他才稱得上飛揚跋扈，而杜甫就是個聖人，莊嚴肅穆，行走的銅像人物。這種刻板印象使我們忽略一個事實，杜甫遇到李白時是小他十一歲的年輕詩人。別的不說，以李白已受道籙之資歷，以杜甫對李白之尊重、崇拜，怎可能批評他「愧葛洪」、「空度日」？此詩完全是寫自己，咀嚼詩意，有那麼一點自我審問後的「自愧」況味。

「狂」這個字，難道不能用在杜甫身上？賀知章晚年號「四明狂客」，杜甫不能認為自己狂嗎？在杜詩中，以「狂」自指並不少見；〈壯遊〉：「放蕩齊趙間，裘馬頗清狂」有個狂字，豪邁不拘，率性暢遊。又如七五五年〈官定後戲贈〉：「不作河西尉，淒涼為折腰。

老夫怕驅走，率府且逍遙。耽酒須微祿，狂歌託聖朝。故山歸興盡，回首向風飆。」此處的「耽酒狂歌」與「痛飲狂歌」用意雷同。〈杜位宅守歲〉：「誰能更拘束，爛醉是生涯。」故，痛飲、耽酒、爛醉都指自己。狂，不是狂妄傲慢目中無人，是狂放不羈奔放遨遊，杜甫內在有沒有這部分？有，這人如果不狂放，怎可能一個人去壯遊八九年？如果沒有自在揮灑的狂性，怎可能開創詩歌疆土？他賞愛李白出類拔萃「思不群」的開創性，因為他也有飄然特立不落俗套的成分。「飛揚跋扈」，一般而言是貶義，指蠻橫放縱、不受約束。但也有別解，扈，尾也，猶如大魚甩動尾部。如鷹之展翼飛揚、如大魚跳跋其尾。延伸之，自問：我會在何處如鷹飛揚、似魚騰跳稱英雄？

猜測李白讀詩之後邀他同訪范十隱士。這回，沒有別人同行，只有他倆。

杜甫有詩**〈與李十二白同尋范十隱居〉**記此行，這是第三首詩。李白也有詩，題長二十一字如一段前言：**〈尋魯城北范居士失道落蒼耳中見范置酒摘蒼耳作〉**，光讀題目即可看出兩人文采有別，重心也不同。

兩首皆是五古，杜詩十六句：

李侯有佳句，往往似陰鏗。余亦東蒙客，憐君如弟兄。
醉眠秋共被，攜手日同行。更想幽期處，還尋北郭生。
入門高興發，侍立小童清。落景聞寒杵，屯雲對古城。

【同尋】

向來吟橘頌，誰與討蓴羹？不願論簪笏，悠悠滄海情。

杜甫一開頭花了八句寫與李白交遊，再次尊稱他「李侯」（第一首贈詩稱「李侯金閨彥」），讚美他佳詩連發，媲美可敬的南朝五言詩大家陰鏗。接著流露真情，表白自己敬愛他如弟兄，志同道合形影相隨，白日攜手同行，夜來同宿，「醉眠秋同被」留下兩人同醉同床同一條棉被的鐵證。除了跟李白，一千四百五十多首杜詩中，沒再跟別人同床「一被子」。此情此景讓後世詩人嚮往，恨不能睡在他倆床下，沾裹沾裹地上詩氣，說不定能寫出一兩首傳世之詩。而李白也曾寫與人同被，不過不是寫杜甫，是跟元丹丘，李白寫給元丹丘詩有句：「疇昔在嵩陽，同衾臥羲皇。綠蘿笑簪紱（喻顯貴之人），丹壑賤巖廊（指朝堂）」[5]，羲皇代指隱者，他們曾在嵩山隱居修道，情分自是不同。

在如此親密情誼下與李白一起拜訪隱士，對杜甫而言彷彿已走在同一條路上。這一大段重點不在尋范十，在與李白攜手同行，尋范十只是用來當作副詞修飾同行之親密而已。是以，整首詩跟范隱士相關的只有「入門高興發，侍立小童清」兩句，側寫受到主人歡迎，但他奇怪地不寫主人卻寫范家小童面容清秀，眼中完全看不到范隱士，好像主人不在家由小童接待。接著心思蕩開寫外景，落日餘暉中聽到陣陣杵聲，也許是范家後院有人擣藥或附近民家的擣衣聲，望見天空屯集的雲朵與古城遙遙相對，此時意念流入悠悠滄海之中，末四句歸結意向；「蓴羹鱸膾」本是思鄉心切之意，「誰與討蓴羹」意喻不想回家，「不願論簪笏」

指不想追求世俗的官宦功名，願遁跡江海逍遙遊。

李白的寫法非常不同，二十八句酣暢快意，時、空、人、事、物、情、景、理交融，完全是他的手筆，自雁影秋景下筆，筆鋒轉折自如：

雁度秋色遠，日靜無雲時。客心不自得，浩漫將何之？
忽憶范野人，閑園養幽姿。茫然起逸興，但恐行來遲。
城壕失往路，馬首迷荒陂。不惜翠雲裘，遂為蒼耳欺。
入門且一笑，把臂君為誰？酒客愛秋蔬，山盤薦霜梨。
他筵不下筯，此席忘朝飢。酸棗垂北郭，寒瓜蔓東籬。
還傾四五酌，自詠猛虎詞。近作十日歡，遠為千載期。
風流自簸蕩，謔浪偏相宜。酣來上馬去，卻笑高陽池。

李白是說故事高手，詩中有情節，人物、事件躍然紙上。前八句鋪陳秋景、客心、憶友、訪幽，接著一定要寫途中驚險插曲；迷路了，馬衝入大片蒼耳草叢中，蒼耳鉤刺沾滿他的皮衣。李白是個皮衣男，但比輝達黃仁勳的黑皮衣還講究，穿昂貴的「翠雲裘」（怎能忘記「五花馬、千金裘」），衣上繡有綠色雲紋圖案。他還有一件「紫綺裘」見於他詩，甚好奇他到底有幾件皮衣？他那太白金星愛美特質使他注重穿著打扮，譬如〈答友人贈烏紗帽〉，朋友送他一頂烏紗帽，他說比頭巾好看多了，馬上戴起來，沒鏡子，問兒子好不好看，小孩童言童語說好看。活靈活現，舉手投足都是趣味。自戀者通常精於審美，敢於與眾不同，李白是箇中翹楚，他會倒戴帽子、倒穿衣服（始終想不透怎個倒穿法，上下顛倒、裡外反穿還是前後相反？）見瀟灑新奇，處處破格。

到范家，范隱士非常高興，勾著他的手臂笑問：「您這是為了誰啊！」」。詩題「摘蒼耳」，有兩種可能，范隱士幫他把衣服上的鉤刺拔掉，若是此意，見親密；范隱士正好摘蒼耳葉當作蔬菜，若此，見巧合，添了主、客心有靈犀的趣味，審詩意，以摘葉作菜為優。在當時蒼耳應是常見野蔬，可食可藥。後期杜甫有詩〈驅豎子摘蒼耳〉，叫僮僕去摘蒼耳，寫道「加點瓜薤間，依稀橘奴跡」，把蒼耳切一切拌入瓜類或藠蕎（狀似蔥，市場偶見）中，可以像橘皮（陳皮）一樣起調味作用。「富家廚肉臭，戰地骸骨白」這野蔬能救人度過荒年，等同黃金。不知杜甫在范家吃到的蒼耳是怎麼料理的，從詩看他壓根兒沒提吃什麼菜，可推想他的心思不在這兒。

范隱士吩咐家人備餐置酒，端上自家園裡種的當季蔬菜，摘了幾顆梨子。接著，李白的誇飾風格出現了，「他筵不下箸，此席忘朝飢」大大讚美這蔬菜真新鮮真可口，「別人請吃飯，我從來不動筷子，您家蔬菜怎麼這樣美味，我愛死了，連早上沒吃的那份一起吃了。」哪個主人聽到這話不心花怒放呢？我聽這話立刻起疑，李大師您明明寫過「烹牛宰羊且為樂」、「狐兔多肥鮮」、「炮炙宜霜天」，怎可能「他筵不下箸」？當然，也可以辯稱，要是不契合的人設筵就不動筷子，光喝酒就好。吃完飯，主人一定帶他們逛逛附近，所以才寫「酸棗垂北郭，寒瓜蔓東籬」，逛畢，該喝酒了，末八句寫把酒言歡、快意詠詩，范隱士風趣瀟灑、我手舞足蹈，兩人戲謔笑浪、心性契合，相約近期來作十日歡聚，未來做千年約會。酒酣盡興，上馬揮別，古人山簡在高陽池的快樂怎比得上我們呢。

詩生動得像微電影，處處都是自己身影。兩首詩均寫秋日訪范隱士，故專家認為是同期同行之作。並著看當能發現，杜甫眼中有李白，詩題一下筆就是「與李十二白」，李白眼中沒有杜甫，詩題〈尋魯城北范居士失道落蒼耳中見范置酒摘蒼耳作〉，從頭到尾沒提到與杜甫同尋。反觀杜甫，所謂「悠悠滄海情」，此情既指己志，更涵藏願與李白結「道情」之意，則「同尋」意涵從范十身上轉至兩人關係，此詩簡直可以把范十去掉改題為〈與李十二白同尋、隱居〉。這首詩極重要地傳達出李白在杜甫心中的多重面向；是敬佩的詩友（李侯有佳句），是親密的兄弟（憐君如弟兄），是同尋的仙侶（攜手日同行）。

至此，可以肯定地說，杜甫用情已深。

思念，總在分別前開始

杜甫喜愛秋季，楓葉轉紅、銀杏飄黃，天地彷彿自躁動中安靜下來進入冥想，此時最能引動詩思。

但秋天也是憂思蝕骨的季節，除了七四四年與李白相識是喜悅之秋，七五六年小兒子出生（〈宗武生日〉：「小子何時見，高秋此日生」）照說也該高興，但那時安史亂起他被困在長安正是凶險之際不可能有賞秋心情，杜詩中的秋天大都蒙上陰影，在抑鬱中度過。

譬如，「曲江蕭條秋氣高，菱荷枯折隨風濤」〈曲江三章章五句〉其一，徘徊曲江畔抒發仕途失意之鬱悶；「今夜鄜州月，閨中只獨看。遙憐小兒女，未解憶長安。」〈月夜〉寫於安史之亂時被俘至長安的中秋節；「戍鼓斷人行，邊秋一雁聲。」〈月夜憶舍弟〉於戰亂中掛念音訊全無、死生未卜的弟弟；「玉露凋傷楓樹林，巫山巫峽氣蕭森。」〈秋興八首〉是家國盛衰與落拓身世合製的史詩，巔峰之作；「飄飄何所似，天地一沙鷗。」〈旅夜書懷〉秋途苦恨，自嘆漂泊；「萬里悲秋常作客，百年多病獨登臺。」〈登高〉感傷老病無依，枯槁之身將如無邊落木蕭蕭下之一片殘葉。蕭條、蕭蕭、蕭森、飄飄成了常見詞，秋天帶著死亡氣息纏繞著他，就連離開這世界也是在秋深霜濃之時。杜甫屬於秋季。

但此時，他還不知道往後的秋天會愈來愈蕭瑟。

杜甫生命中有兩個秋天專屬於李白，七四四年標記著奇遇，七四五年鐫刻了揮別。我們這一代年輕時有一首民歌，歌詞：「思念總在分手後開始」。李白多情、杜甫深情，對深情者而言，思念，總在分別前就開始。

我不禁揣度他的心情，人生壯遊階段裡兩次獨自出遊、兩次與李白相偕漫遊，現在要抵達終點了，前方等著的是什麼樣的路途一無所悉，只知必須獨行。有一篇類似日記的短文〈雜述〉，洪業先生判斷作於魯郡附近，這一年像個實習生多次拜訪隱士觀察其生活，結識地方士子了解處境，引起思索，洪業認為：「我們的詩人是否已經深切意識到，除非一個人在京城取得有效的成功，否則很難依靠地方權貴的關照來維持生計？這可能是杜甫回到京兆的真正原因。」此說有理，符合杜甫的身世淵源、家族期望、人格特質及思想型態。他或許對避世修道心嚮往之，但我揣摩他的內心，與其說修道是一條他熱愛卻無法履踐以致充滿遺憾的生命大道，不如說這是一條繫掛浪漫卻無緣徜徉的仙鄉之路。因浪漫故記憶深刻，因無緣所以終生惆悵。而且不管多少次重返記憶，第一個跳出來的人影，始終且唯一，就是李白。

秋風添了涼意，分別前他一定心事重重。因為心裡有數，他會往功名利祿競技場的長安去，而不是深山潛修、幽谷煉丹。李白明不明白這個可親可喜、詩業勢必輝煌的年輕杜甫與他不在同一條路上，我猜他清楚的。但這些不妨礙彼此熱烈交誼，因為詩才是他倆的共同語言；李白在隱族同道中找不到像杜甫這般可以暢論古今詩人、申辯詩藝的知己，而杜甫，即使日後亦有訪幽尋道之往來，但沒有一個人能留住他的心，因為那裡沒有詩。在隱族眼中，離別這事，像天外吹來一陣風又往天外吹去般自然，但在詩族心裡，執子之手、淚眼相對，離別是撕天裂地的事。我猜想，李白與杜甫相別時，一點也沒有道家的瀟灑，是用詩人多情易感的心揮別的。

我彷彿看見，最後一夜相聚，李白奇特地陷入低迷情緒中，看著角落的行囊不發一語。天色漸亮，兩人的僕役坐在門口說話，正在規畫行走路線：一條沿著泗水岸邊走，另一條往徂徠山方向。李白起身，提筆寫下：

> 醉別復幾日，登臨徧池臺。何時石門路，重有金樽開？
> 秋波落泗水，海色明徂徠。飛蓬各自遠，且進手中盃。

詩意：上次醉別之後再相見才短短幾日，我們登臨池臺遍賞景致何等快意，你什麼時候再來與我喝杯重逢酒？秋風吹皺泗水，清曉天色照亮徂徠山，山水依然在那兒，你我卻像飄蓬各自飛遠，唉，喝盡這一杯吧！他題上**〈魯郡東石門送杜二甫〉**，鄭重地遞給杜甫。而杜甫，已感動得說不出話來。

別後不久，李白又寫一首**〈沙丘城下寄杜甫〉**，千里迢迢送到杜甫手上。

我來竟何事，高臥沙丘城。城邊有古樹，日夕連秋聲。
魯酒不可醉，齊歌空復情。思君若汶水，浩蕩寄南征。

此詩直述想念：我近來究竟做了何事，諸事提不起勁，只在沙丘城家中窩著。城邊有棵高大古樹，從早到晚發出秋天的聲音，更添我心亂。酒喝起來酸澀醉不了，歌曲也不動聽了，因為沒有你在身旁。想你的心，像浩浩蕩蕩的汶水，不斷地向你所在的地方奔流。任何一個人收到這樣的詩都會情思翻湧，若在今日，即刻買高鐵票奔去相見。猜想杜甫讀這首詩不下數十遍，每讀一遍情意更深厚一寸，回信時已是冬天，他寫下第四首**〈冬日有懷李白〉**：

【思念】

寂寞書齋裡，終朝獨爾思。
更尋嘉樹傳，不忘角弓詩。
短褐風霜入，還丹日月遲。
未因乘興去，空有鹿門期。

「寂寞書齋」直接點明寂寞，「終朝獨爾思」毫不掩飾只想著你一人。嘉樹傳、角弓詩用典，指珍惜李白贈他的兩首詩，永誌不忘。〈沙丘城下寄杜甫〉與〈冬日有懷李白〉，以思念回應思念，兩詩並讀，放在任何一個時代，都可以視作情詩。

此外，我很難忽略杜甫詩中特別提到還丹日月遲、未因乘興去、空有鹿門期，都跟修道、隱居有關，言下有身不由己無法乘興而去、空負隱居之約的遺憾。他是個敦厚認真、道德感特別重的人，若曾經口諾而竟無法履行，內心會起伏。回顧前三首詩，都點到修道意願，這絕非尋常，可窺探其內心徘徊痕跡，從「不願論簪笏，悠悠滄海情」到「未因乘興去，空有鹿門期」短時間內竟有此落差，可見做出抉擇，因此第四首詩在思念中藏著特別的情緒；這種幽微如微風般的心理顫動，對大部分人而言說過就翻過、翻過就忘了，但對某些實心人卻是有負擔的；杜甫屬於後一種人，他會認為自己背離與李白的信約，是首先遠離的人，心裡會有一抹歉意，這種歉意如果得到發酵機會，將讓兩人的情感流淌方式與豐沛度越差越大。換言之，一個越來越想念對方，另一個越來越無聲無息。

實情上，李白對杜甫浩浩蕩蕩的思念只留在七四五年從此斷了音訊，沒有人知道原因是什麼；但杜甫不是，他帶著對李白一往情深的思念奔赴往後人生，去長安謀職、去逃避安史之亂、去四處漂泊直到在一條破舊小船抵達生命終點。

在這個情感節點上，一個仙與一個神的差異出現了；仙，飄然而去忘了神，而神，總是忘不了仙。

〈戲贈杜甫〉

飯顆山頭逢杜甫，頭戴笠子日卓午。
借問別來太瘦生，總為從前作詩苦。

這首〈戲贈杜甫〉是文學史上口水噴灑量達到沐浴等級的爭議詩，首見於晚唐孟棨所編《本事詩》，作者掛在李白頭上。

此詩常用來評比李杜為人之不同，且作為道家思想者李白任氣放誕、嘲諷禮教以致對人傲慢譏誚的鐵證。有論者說，李白連對好友杜甫也如此嘲笑，實屬不堪，因此杜甫不甘示弱，回贈「……狂歌痛飲空度日，飛揚跋扈為誰雄？」指責他，如此這般云云，把兩位大詩人說得像國中生打嘴炮。明代有學者論李杜交情時，言杜甫懷贈太白者多至四十篇，而李白寫給杜甫不過「沙丘城之寄、魯郡東石門之送、飯顆之嘲而已」，顯然也是憤憤不平，幾乎要把那三首詩揉成小紙團丟到地上，替杜甫覺得委屈、很委屈、相當委屈。不知他怎算的，杜甫沒寫那麼多，大概把杜甫懷別人的都算在李白頭上，這也是罕見、很罕見、相當罕見啊！

此詩問題有二，一是真偽，是否為李白所作，二是詩意，是嘲諷還是幽默？專家們擁真派、擁偽派皆有，擁真派中解作譏誚、解為詼諧的也各有高見。譬如郭沫若認為出自李白，且別有見地解析此詩並無譏諷之意，戲作乃唐人交誼慣見之詼諧用法，末兩句是一問一答，李白問，杜甫答「總為從來作詩苦」。而洪業屬於擁偽派，他說得慢條斯理地很客氣，但客氣中有一點訓導主任的不客氣：「事實是這首詩並未出現在李白的詩集中，它來自一部彙集詩人逸聞軼事的書（《本事詩》），此書編纂於李杜時代過去一個世紀之後。竹笠代表這是夏天；我們僅僅知道兩位詩人有過兩次聚會，都在秋天。而此詩的文字拙劣，不值得李白親自動筆，更不用說它的思想根本配不上李白與杜甫之間的友誼了。因此，我們一定得接受對這些詩人最有研究的優秀學者的判斷，即此詩是偽作。」假如這段話鋪在洪業先生臉書上（可惜他逝於一九八〇年），我會照三餐去按讚連按一週。

不過，日正當中帶著斗笠，不見得僅限於夏天，就算僅限夏天，另有學者指出夏天齊州詩會時李白可能也在其中，則李杜相見並不限於秋日。即使僅限於秋日，秋老虎發威戴上笠子也說得通，杜甫非常怕熱，隨身戴上合乎情理。

我贊成是偽作，有幾個理由。

首先要問，這個人是否喜歡寫戲贈、嘲弄詩？有論者認為李白恃才傲物目中無人，這一點我頗有保留，我們這些資質平庸的人都有那麼一點傲氣，何況才高八斗之人，不傲不合「才性」。傲，不是問題，問題在傲得有沒有道理。

李白有一首詩惹人發噱，〈答湖州迦葉司馬問白是何人〉：「青蓮居士謫仙人，酒肆藏名三十春。湖州司馬何須問，金粟如來是後身。」謫仙之稱，李白自言賀知章在長安紫極宮見到他，叫他「天上謫仙人」。金粟如來的應化身即是維摩詰居士，來到娑婆世界化身在家居士弘揚佛法。這詩約寫於七五六年避安史之亂經湖州時，此時五十六歲的李白早已名滿天下，湖州迦葉司馬不知是蓄意還是無知，竟然問「李白是誰？」

作家有兩種類型，一自閉一自戀，自閉型像個隱形人，往人少的地方去，聽到讀者讚美他的作品會不自在；自戀型活在鎂光燈下，人愈多愈嗨，聽到有人不知道他也會不自在。

李白是自戀型的首席代表。題外一記，李白一生有四位女人，與崇拜他的最後一任妻子宗小姐結婚時已過五十歲，夫妻情深。李白漂遊在外，在宣州秋浦寫〈秋浦寄內〉寄給妻子。可能嫌家書回信費時日，或是一時猜疑過甚、思念過深，竟代替妻子寫詩給自己，〈自代內贈〉長詩首四句：「寶刀截流水，無有斷絕時。妾意逐君行，纏綿亦如之。」代替妻子向自己說，我無時無刻不在想著你，我的心追隨你，日夜與你纏綿。由此可作心理分析，對李白而言，怎麼可能有人不喜歡他，你不喜歡他，他會代替你寫詩喜歡他。

或許湖州司馬態度輕蔑，他才寫這首不客氣的詩回答。這位司馬姓迦葉（複姓），佛教中有摩訶迦葉尊者，李白抓到這條線索拐了彎，自居仙佛，笑傲謔浪一派風流，這就是李氏手筆——喜歡他的讀了爽快，不喜歡的恨得牙癢癢。然而，若因此定調他荒誕傲慢，恐怕以偏概全了。

李白詩集逾千首詩，以「贈、寄、別、送、酬」入題加上遊宴近四百首，若再計上其他詩中明顯與人往來的詩絕對超過五百首，可見其個性喜愛交遊，不適合隱居。其中，題「贈」超過一百二十五首，但以「戲贈」入題，僅見〈送姪良攜二妓赴會稽戲有此贈〉、〈戲贈鄭溧陽〉二首。

姪子阿良攜二妓同遊，做叔叔的戲謔他一下可以理解，詩寫得風趣幽默。〈戲贈鄭溧陽〉則全無戲謔意，反而有一種難得的親和感，把鄭溧陽（溧陽縣令鄭晏）比作陶淵明。與這兩首戲贈詩相比，〈戲贈杜甫〉顯得直白，太瘦、作詩苦，這是大白菜直接端上桌生吃，燙都不燙一下；姪兒、鄭溧陽不是詩人，都能用詞雅致，給詩人同行反而直白，就感情面而言太輕佻。況且，杜甫已贈過詩給他，他知道杜甫看重他，怎還會大咧咧地給他一顆帶泥白菜。文人間酬酢往來，書信、詩怎麼寫，都經過掂量，這其中有看不見但感受得出的情意在字裡行間波動，如果這首詩「真的」是李白所寫，那他真是辜負了杜甫這麼愛他。

再說「嘲」，最有名是〈嘲魯儒〉，嘲笑魯地死守章句食古不化的迂腐儒者。此詩得罪不少人，視為李白輕蔑儒家的證據，這是無限上綱。嘲魯儒並未指名道姓，針對人的僅見一首〈嘲王歷陽不肯飲酒〉，大雪天聚餐，歷陽縣王縣令居然不肯飲酒（若非胃病即是對酒精過敏會起酒疹），李白笑稱你這個陶淵明不喝酒，「浪撫一張琴，虛栽五株柳。空負頭上巾，吾於爾何有？」白白浪費頭上那條可以漉酒的頭巾，我真拿你沒辦法。嘲中有捧，哪個縣令被比作陶淵明不開心，好比我嘲文壇同行「你穿這麼邋遢，哪像個諾貝爾文學獎候選人」被嘲者哈哈一笑，搔到癢處不僅不痛還有酥爽之感。寫給王歷陽的至少有三首，從這些小細節揣摩個性，可以肯定地說，李白之所以迷人不僅是才華炫目而已，與人往來有其細膩通透之處。

其二，李杜交誼時，杜甫三十三、四歲正當壯盛，不符合「太瘦」形貌，他晚年消瘦可以理解，長期逃難營養不良及糖尿病、肺病之故，此時正當青壯，李白看到的他是年華豐燦、頭頂放光的。而李白，他自己提到有位司馬道士見到他，說他「仙風道骨」，料想其身材不屬於健身房練出來的壯碩型，BMI 不至於高，一個「中等瘦」的人應該不會說另一個「中等瘦」的人「太瘦生」，好比我們現在苦於肉多，一個「中等胖」的人不會叫另一個「中等胖」朋友「太胖生」一樣，話語裡一向有攬鏡自照的成分。再者，偽作會犯的毛病是，從作者自己的眼睛看，而非從託身者的眼睛看，此詩不是從李白的眼睛看，正是如此。

其三，「總為從前作詩苦」，向來為了構思詩篇煞費苦心，「苦」這個字刺眼嗎？如果認為這句話是李白講的，理解成苦吟苦思狀，李白譏誚杜甫才情不足寫詩寫到燒腦，自然要惹怒杜甫粉絲。若是視作杜甫自答，如其〈解悶〉十二首之七：「陶冶性靈存底物，新詩改罷自長吟。孰知二謝將能事，頗學陰何苦用心。」苦，指的是扎實、錘鍊的功夫，則無不妥。或許是李白才情光芒萬丈，相較之下，一般人認為杜甫靠的是後天勤於鑽木取火，這種刻板印象真是誤解了他。杜甫下筆沒有苦吟狀，別忘了此人也是個大才子，以「詩匯存底」（借「外匯存底」）比擬，李白住世六十二歲留詩一千多首，杜甫住世五十九歲留詩一千四百五十多首，創作量驚人。作詩方面，歷來都說李白揮灑想像點石成金，其實杜甫俯瞰人間壯懷激烈，一出手星垂平野闊、月湧大江流也不在李白之下。我猜想杜甫內心深處知道自己蓄勢待發，能與李白並駕齊驅，「何時一樽酒，重與細論文」想要更進一步仔細辯析彼此的文學理念，而非聆聽教誨。他倆棋逢對手，不相上下，杜甫珍惜與之論文之樂，而李白也喜歡這個認真、飽學、雄辯的小老弟。

更進一步推想，七四四、七四五這一段時間，杜甫生活重心貌似在重遊舊地遍訪故友，樂得很，一點都不苦，即使李白問他別來可好，他的回答比較有可能偏向修道訪幽心得——杜甫頗希望在這方面跟他有所聯結、靠近。「總為從前作詩苦」固然不違背他千錘百鍊的習性，但以七四五年兩人於春、夏、秋三次相見除去不符合戴笠習慣的春天之外，夏、秋兩次相見都是短暫別後即再見，問候語不需動用較長時間不見的「借問別來」句，因此，從時間及當時交誼狀態來看，這首詩不合理。

其四，李白天生熱情，感情自帶醉意，自然噴發跨過禮數拘束，酣暢爽快，加上有誇飾傾向，宛如天外一陣薰風吹得人如癡如醉。他是那種第二次見面就可以環抱你肩說「想死你了」的人，凡人耳朵聽到這種話以為只對自己講必定是愛我的，殊不知對他人也如此親親暱暱。他是天生的詩仙也是情聖，用情或許不專，但絕非虛偽之人。他迷人處就在出手闊綽，用字遣詞跟花錢一樣，隨手就能剪一段彩霞披在你身讓你發出白光（李白式的光），兩人當時交誼推心置腹，親如至交，不會生疏地只問你近來可好哇。

有幾個例子可證，寫給孟浩然，第一句就是「吾愛孟夫子」（「吾愛孟夫子，風流天下聞」），說「愛」對他來說不困難，等同喜愛；〈贈秋浦柳少府〉（少府即縣尉）詩中有句「而我愛夫子，淹留未忍歸」也愛了；寫給初識不久的秋浦縣令〈贈崔秋浦三首〉，第一首第一句「吾愛崔秋浦」，哎呀呀又愛了，還將他比作陶淵明大大讚美一番。你以為他只對崔縣令作此讚譽，不不不，沒忘記〈戲贈鄭溧陽〉寫給溧陽鄭縣令那首詩也用陶淵明設譬，在他眼中，只要是縣令，秋浦崔縣令、溧陽鄭縣令、歷陽王縣令都是陶淵明。

對初識者一見如故，這是李白式社交手腕、人際功夫，絕對是卡內基人際課程教不來的。對朋友，那更是熱情如火，瀏覽李白詩集很能感受他的熱情，譬如〈酬殷佐明見贈五雲裘歌〉，殷先生送他一件色彩斑斕皮衣，他大讚穿上這衣寫詩靈感大發，有句「群仙長嘆驚此物」，連神仙都讚嘆得不得了、嫉妒得不得了，問我哪裡買的（差不多這麼誇張），若你是送他皮衣的殷先生且恰好是科技界老闆，收到這首詩必定龍心大悅，立刻加送一臺特斯拉。

另一首〈翫月金陵城西……訪崔四侍御〉（題長，見注6），十多個人在「孫楚酒樓」歡聚，賞月喝酒唱歌通宵達旦（題外有感，有李白在的宴會大都如此），「忽憶繡衣人，乘船往石頭」忽然想起崔侍御，大伙兒乘船往石頭城去。有三個訊息值得細思：

其一，李白的個性是外顯加上擴張型的，他喜歡應酬，卻常常不知足於當下之聚，「忽憶」某人，即刻化為行動要見到那人；跟杜甫訪范十居士是「忽憶范野人」說走就走，此處一群人喝酒唱歌好似一團泥鰍鬧哄哄地，他竟然「忽憶繡衣人」也是說走就走。「忽憶」是自群體中逸走、極度喧囂頓時安靜的內在運作，從此到彼橫跨兩個極端，瞬間完成，顯見個性不按牌理出牌，變幻莫測。

其二，他是行動派，想到必須做到，沒馬找馬、沒船找船，不考量天氣路途如何、對方在不在家，重要是他必須行動。

其三，他具有領導魅力，周圍的人都中蠱般跟隨他行動，他不能生活在只看到老婆孩子的家常日子裡，那會讓他生鏽生氣生病，他需要大大小小的冒險。這類型男人，需要的是離家，不是回家。

回到這首詩，詩末提到：「贈我數百字，字字凌風飆。繫之衣裘上，相憶每長謠」，把崔侍御的贈詩繫在衣裘上隨身帶著，以示情深意厚，這就是李白的人際風采。你以為只對崔侍御如此，不，〈以詩代書答元丹丘〉詩中，把摯友元丹丘的信「置書雙袂間，引領不暫閒」—把你的信放在口袋裡，伸長脖子殷殷盼望著你不得閒，只差沒說：你的信貼著我的心臟，每一次搏跳都是對你的呼喚。

以上才是情感澎湃的李白會有的人情表達，有此基礎認識再來看「飯顆山頭逢杜甫，頭戴笠子日卓午。借問別來太瘦生，總為從前作詩苦。」看出深淺了，此詩浪費前兩句只寫基本資料，第三句問、第四句答，單調得不可思議，李白用膝蓋寫也寫不出這麼差的詩。杜學大師仇兆鰲言：「李杜文章知己，心相推服，斷無此語，且詩句庸俗，一望而知贗作也。」洪業說得對，「它的思想根本配不上李白與杜甫之間的友誼」。

沒想到，我竟也為這首詩噴了足以澆花的口水。

【第二階段　樹碑立傳】

樹對雲的獨白

七四五年秋冬間，杜甫的身影出現在長安，人生進入**第三個時期**「**寄寓長安、蹉跎十年**」。第五首〈**春日憶李白**〉寫於次年春天。雪已溶盡，天氣回暖，處處鳥聲啁啾，薔薇花開出一條粉色飄帶，杜甫四處散步認識環境，那悅目的顏色、令人忍不住深呼吸的香氛讓他掉入思念，他不禁想著這條街道那條小徑曾收留過李白的足跡，這家鋪子那家館子曾留存李白的身影，現在，他人在帝都，換他一展身手。

白也詩無敵，飄然思不群。【**仰慕思念**】
清新庾開府，俊逸鮑參軍。
渭北春天樹，江東日暮雲。
何時一樽酒，重與細論文。

從這首詩開始，杜甫心中的李白就是詩人李白，仙道身分淡去了，也不再提拾瑤草、鹿門期、滄海情，他與李白的關係回到詩的國度有了更堅韌的綰結。

庾信、鮑照均為杜甫讚服的南朝詩人，拿來比李白，在素有相輕傾向的文壇是非常珍貴的。首聯直述「白也詩無敵，飄然思不群」，細細玩味，有一種讚嘆的情意流蕩在詩句之前：動不動想起這個人，常常回憶過往，甚至想到樂事會不自覺微笑，想起辯論過的那些詩文現在有新看法渴望進一步討論，千折百迴，才驚覺這人去江東漫遊遠在天邊，遂化為一嘆：「白啊，你的詩天下無敵，你的思想飄逸超越所有人啊！」不叫「李侯」直接叫「白」，也許無意義，也許意義深刻。

是的，有深刻意義，在詩的聖壇上，杜甫從此與他平起平坐：何時一樽酒，想仔仔細細地與你談論詩文。是「細論文」而非細論仙道。渭北春天樹乃自指，人在長安帝都，春天的大樹新葉噴翠，綠意煥發，望著那新綠遙寄對你的思念；江東日暮雲指李白遊蹤，你所在的江東地區春暖更盛，日暮時彩霞滿天，想必也會望著雲霞思念我吧。然而有趣的是，在創作者內心深處，意念靈轉之際有時會暈染上無法解釋、先驗的細節；我咀嚼春天樹、日暮雲別有感觸，那蓬勃春樹預言了杜甫詩業將騰達，天邊雲彩當然是舉世都必須抬頭仰望、讚嘆的，日暮卻暗藏凶險黑夜即將來臨，李白會在這裡重重地跌一跤。樹，是不動如山是堅貞不二的存在，雲，是自由是奔放的象徵，巧妙地，杜甫以樹與雲比擬了他與李白之不同；我們的心靈永遠需要一棵可倚靠的大樹守護我們，同時，也永遠嚮往無限自由的雲指引我們去突破牢籠創造新的可能。根柢的力量、翱翔的力量，是住世之聖與出世之仙留給後代的啟蒙。

當然，就李杜交誼而言，這棵大樹對那片彩雲的低語，喃喃不止，終於變成獨白。

夢李白

在命運輪盤上，悲劇往往是「知其不可而為」，浪漫則是「不知其不可而為」。

杜甫在長安的崎嶇求仕之路與帝國步向衰敗之途相伴而行，或許他也想複製當年李白在長安的登殿路徑，但機運並未站在他這邊。

獻「三大禮賦」獲得玄宗賞識，命待制集賢院卻沒了下文，「等候通知」就是等不到通知的委婉說法。皇帝很早就開始過退休生活，忙著在後宮實踐情慾享受人生，朝政交給以口蜜腹劍出名的李林甫，奸臣之所以能掌權，靠身段與手段；身段比任何人軟、手段比任何人狠，擊殺賢者、凍結文士一向是奸臣擅長的，杜甫只不過是官場「打地鼠遊戲」中之一隻而已。

這位滿腔抱負的詩人在仕宦競技場上像個遊民，才五六年就走到山窮水盡卡在兩難之中，留在長安看不到機會，離開長安不知道機會在哪裡？〈投簡咸華兩縣諸子〉寫信給咸寧、華原兩縣官吏求助，提及「長安苦寒誰獨悲，杜陵野老骨欲折」，生活陷入困難，「鄉里兒童項領成，朝廷故舊禮數絕」地方小官僚脖子硬、倨傲無禮，朝中老友斷然拒絕援助，以致「饑臥動即向一旬，敝衣何啻聯百結」飢寒交迫了。這時期的杜甫有家有眷已不是肥馬輕裘壯遊四海的杜二少爺，長安粉碎了仕宦夢，他上的是孟子「天將降大任於斯人也」這門偉人重訓課，沒人知道當事人也不明白，為何上天要把人逼到凍餓交迫、故舊閉門的地步才能「增益其所不能」。

人們常說「十年大運」，杜甫下半生走的都是大衰運；七四五至七五五年在長安是叫人喪志的十年蹉跎運，下一個十年大運更慘。七五五年好不容易盼到一個小官職（先授河西尉，不就，改任右衛率府兵曹參軍）可以站穩腳步，卻爆發翻天覆地的安史之亂（七五五—七六三）。八年內亂，戰死餓死凍死病死厭世而死都叫死，身著華服吊在梨樹上的貴妃與衣衫襤褸倒在路上的民丁沒有差別，都叫屍體。不，有差別，前者該死，後者不該死。

凍過故能體會人民之寒，餓過才能感受人民之饑。若說內亂有什麼額外收穫，可以暫時按下對生民塗炭的悲愴感得出結論，亂世成就了一個詩聖，這是給後世及文學史的厚禮。如果沒有杜甫，文學史、評論史、精神文明恐怕要陷落一大塊。但這是後話，他並不知道挨餓受凍的自己會變成銅像人物。戰亂中，他的人生進入**第四階段「浮家泛宅時期」**，此後不斷地搬遷「漂泊西南天地間」；題外有感，讀李商隱必須先做一張「求職履歷表」、讀杜甫必須做「搬家表」才能摸清人生顛躓與詩藝巔峰的關係。他們一生動盪太多安定太少，痛苦太深歡娛太淺。

我很難理解卻不禁起了尊敬之心的是，帶著一大家子避亂求生的道途上，遊子杜甫沒有忘記另一個遊子——李白。十多年沒音訊了，竟然還記掛他，這是什麼樣的情誼啊！

事實上，安史之亂爆發前在長安期間，有三首詩提到李白。

〈飲中八仙歌〉有句：「李白一斗詩百篇，長安市上酒家眠。天子呼來不上船，自稱臣是酒中仙」、〈送孔巢父謝病歸遊江東兼呈李白〉末兩句：「南尋禹穴見李白，道甫問訊今何如？」及〈薛端薛復筵簡薛華醉歌〉有句：「近來海內為長句，汝與山東李白好」。

讓我特別有感的是送孔巢父這首，他知道辭官的孔巢父一定會見到李白，硬是在詩最後請託：「請告訴李白，杜甫問候他近來可好？」我們不知道孔巢父有沒有代為轉達，只知道李白並沒有寄來隻字片語，連託人傳話都無。這是尋常的嗎？我無從判斷。

安史之亂永遠改變兩人命運。杜甫被叛軍俘虜、潛逃、歷險歸返即位不久的肅宗流亡朝廷被任命為「左拾遺」，站在正統隊伍。而李白捲入永王李璘挑戰新朝廷的謀反行動，站在叛變隊伍。國難當前、兄弟鬩牆，任何一個統治者必定先收拾兄弟再來收拾逆賊。七五七年春，李璘兵敗被處決，相干人等被捕，李白也在其列，關押尋陽（一作潯陽）監獄。

李白為何出現在李璘陣營？李璘為何要徵召隱居廬山毫無軍事背景時年五十六歲的李白？

有論者認為李璘三次強力徵召，李白「被迫」應徵，有的認為他志在平叛報國故樂於入幕。這部分是研究者的熱門話題，順勢勾連其政治思想之探討，開挖到最後躍然而出的絕對不是一般讀者刻板印象中仙氣飄飄只知隱居飲酒的那個詩仙；創作者大都是複合體，多重性格共用一身，李白身上儒家成分不亞於道家，「天生我材必有用」、「我本不棄世，世人自棄我」這是心聲，「東山高臥時起來，欲濟蒼生未應晚」這是心志，每次隱居都是為下一次出山做準備。

記著「東山高臥時起來，欲濟蒼生未應晚」這條線索，接著看幾首詩。一，安史之亂初期，七五五年冬至次年春，逃難途中所寫〈奔亡道中五首〉。二，七五六年冬應永王徵召寫給妻子〈別內赴徵三首〉。三，同年冬〈永王東巡歌十一首〉。四，七五七年永王兵敗被殺，奔逃途中寫下〈南奔書懷〉，繫尋陽獄喊冤望救之作〈獄中上崔相渙〉、〈繫尋陽上崔相渙三首〉、〈上崔相百憂章〉、〈萬憤詞投魏郎中〉……可以看出概況。

安史之亂初起，避亂奔亡組詩有一句「仍留一隻箭，未射魯連書」，意指自己有退敵之策。這可以解釋永王遣使禮邀達三次，為何他不在第一次後即效法老萊子夫婦（見前篇）舉家潛逃避徵？而使者上門三次之多，表示他下不了決心，別內詩其二：「出門妻子強牽衣，問我西行幾日歸。歸時儻佩黃金印，莫見蘇秦不下機。」反用蘇秦典故，意謂來日我配戴黃金印歸來，妳可不要以為我是追逐名利之人不願停下織布機來迎接我。此詩雖有戲謔語，但透露淡泊名利只願安穩度日的妻子反對他應徵，而他心中懷有配戴黃金印一番大作為的憧憬。這內在伏流忽左忽右，即使不宜說他積極入幕，但要說「被迫」，好像欠缺一把刀，譬如使者帶著兩名侍衛把刀架在他脖子上，這才是「被迫」。

東巡詠歌十一首（第九首被視作偽作），隨侍永王艦隊出巡，寫樓船、戰艦、征帆軍容壯盛，稱永王、帝子、賢王心悅誠服，願效謝安破敵、借君王玉馬鞭指揮一掃胡塵見其平亂鬥志，「二帝巡遊俱未迴」、「西入長安到日邊」可證他一心想的是平定安史叛亂恢復國泰民安而非擁戴永王趁勢叛奪帝位。

我一直得不到解答，李璘為何非要徵召他不可？強作解釋可能是，面貌不好看、被哥哥李亨（肅宗）照顧長大的年輕人李璘是李白的粉絲，仰慕詩中「長風破浪會有時，直挂雲帆濟滄海」豪邁氣概，把他當作精神嚮導。這是情感面，但在理智面，他及身邊猛將都知道一隻軍隊需要宣傳部長、具號召力的發言人，至於戰略戰術戰情，他們清楚得很，詩人擅長紙上調兵遣將不擅長守密，心懷異志、圖謀叛變這種事，只有半夜戰情總部幾位核心主將知曉，李白正在呼呼大睡不可能知道。

所以，我相信他是冤枉的，無端捲入叛變行動被視作「附逆」，後人批評他欠缺政治判斷識人不明雖然合理卻也是強人所難。時至今日，我們握著一張神聖選票用雪亮眼睛盯著候選人，還會選到專吃公帑的老鼠們，叫一個高臥廬山的詩人哪來能耐弄懂複雜的政治軍事局勢，他才不是老謀深算的諸葛亮呢。接受徵召就是踏錯第一步，但這怪不得他，他天生浪漫，浪漫的人擅長衝動不擅長權謀，專幹不知其不可的事。

兵敗山倒，各自奔逃；寫於奔逃途中的〈南奔書懷〉第一時間述明「過江誓流水，志在清中原」進永王幕是為了報國不是造反，下獄後所寫的算第二時間，上呈崔渙的詩一再表明「白璧雙明月，方知一玉真」品格如白玉無瑕，百憂章、萬憤詞悲憤到吶喊地步，「一門骨肉散百草，遇難不復相提攜」妻離子散一家遭殃不得相扶助，「好我者恤我，不好我者何忍臨危而相擠！」可見希望他死的人還不少，遂呼喊蒼天如果聽到卑微的他的陳詞，快救他脫離牢獄，也對崔相精神喊話，「應念覆盆下，雪泣拜天光」。上天不見得聽到，有力人士聽到比較受用（如果我是崔渙，大詩人寫了五首詩來呼喊，我能裝作沒聽見嗎？），崔渙加上御史中丞宋若思出面營救，改判流放夜郎。七五八年秋天，罪犯李白往蠻荒高原貴州出發，保全一條命，卻已身敗名裂。

十多年相隔，天涯各一方，杜甫什麼時候知道永王兵敗、李白繫獄？我們如今透過史料掌握事件發展清楚明白，但杜甫如在霧中無從得知詳情。我相信除了李白家人，獲悉兵變下獄最震驚的應是杜甫，那是死罪啊，說不定幾乎暈厥過去，痛苦到睡不著，無助到食不下嚥。

其實杜甫這兩年也不好過，得罪肅宗被貶為「華州司功參軍」，戰亂正熾，官軍與叛軍交戰激烈形勢緊張，不得不棄官帶著一大家子逃難。愈逃愈艱苦，三餐不繼無一榻安穩，性命如風中飄葉。別忘了七五五年冬天餓死一個兒子，七五六年出生的兒子宗武現在才兩三歲，活不活得下來還不知道。說句不得體的話，比起睡在蟲鼠奔竄、惡臭沖天監獄裡的李白也好不到哪裡去。

七五九年秋天一路跋涉到了秦州（甘肅），啊，又是風濤金秋，霜意銷蝕膚體，但詩人的情愫依然溫馨柔美。那必是一個秋風颯颯的早晨，杜甫起床，嘆一口氣，披上破舊外套，席地坐在一張小凳前鋪紙提筆，他要寫下昨夜夢境。濡了墨的筆竟比平日重，第一個字，他寫下「死」。

死別已吞聲，生別常惻惻。
江南瘴癘地，逐客無消息。
故人入我夢，明我長相憶。
恐非平生魂，路遠不可測。
魂來楓林青，魂返關塞黑。
君今在羅網，何以有羽翼？
落月滿屋梁，猶疑照顏色。
水深波浪闊，無使蛟龍得。

【長相憶】

是個惡夢，夢見李白。來時背景是南方青綠的楓樹林，走時是北地沉沉暗著的關塞景色。半夜驚醒起床，四周闃寂，月光灑在屋梁上，彷彿還能看見李白的愁容。躺下再也睡不著，懷疑他死了，是魂魄來向老友告別。

第六首**〈夢李白〉**，至情之詩無須翻譯，叫人揪心的是「故人入我夢，明我長相憶」，你明白我一直想著你啊！這種情感，千年之後讀來仍會動容。

想必這夢一直纏繞他，擾亂心緒。仰頭只見悠悠雲空，俯身只有腳下的荊棘路徑，帝國瀰漫烽煙，到處都是棄屍白骨，上哪兒打聽消息？這人是生是死？生在何處生、死在何時死？從逐客、羅網語，此時他只知道李白被判流放不知進一步消息。戰亂中，誰不是蜉蝣誰不是螻蟻，見不見得著明天的太陽誰曉得，人人自身難保，只有至情者杜甫未變成蜉蝣、螻蟻，他的精神相反地往另一個方向淬鍊，當人們變得慳吝他卻慈悲，當他人變得寡冷他卻更深情。

第七首〈**夢李白**〉比前一首更痛苦。

【情親】

浮雲終日行，遊子久不至。
三夜頻夢君，情親見君意。
告歸常局促，苦道來不易。
江湖多風波，舟楫恐失墜。
出門搔白首，若負平生志。
冠蓋滿京華，斯人獨憔悴。
孰云網恢恢，將老身反累。
千秋萬歲名，寂寞身後事。

第一次讀這首詩的人，讀不出詩裡有千斤沉重，只有理解了兩人相識時何等歡欣、論交時心相推服、喝酒時把杯共醉、偕遊時攜手同眠、分別後思念情長才能讀出「三夜頻夢君，情親見君意」有多驚怖，相繼三個晚上夢見，這是一顆被火焚燒過的心才寫得出的詩，如果杜甫以淚和墨用顫抖的手寫下，我們也應該哽咽讀之。

兩首詩裡，稱呼不同了，逐客、故人、君、遊子、斯人；場景變了，瘴癘苦地、蛟龍騰浪、浮雲終日、江湖風波、舟楫失墜，皆是生死一線之危。

曾經，李白在杜甫心中何等逸興遄飛，仰之而讚服，如今卻在詩人獨具的透視能力中現出「出門搔白首，若負平生志」樣子，甚至黯然憔悴。我們必須注意到這個關鍵點，人與人之間有一道現實臺階，高高在上的人一旦倒下，多少情誼也會被那道臺階擋掉，鮮有人能跨越勢利之階去同情、憐惜那個重重摔下來的人。就算沒有惡言惡語，大部分人也會避而遠之選擇沉默。我無意非議什麼，道德勇氣畢竟必須先認定道德才能接著講勇氣，如果國法、輿論都認定李白「附逆」是個該死的罪犯，自然不會湧生勇氣去同情他。令我沉吟的是，逃難途中音訊不通的杜甫為何能堅信李白絕不是共犯故生出同情，因深切同情故連寫兩首夢詩毫不避嫌。不僅不避嫌還替他委屈，「冠蓋滿京華，斯人獨憔悴」、「孰云網恢恢，將老身反累」，喊委屈還不夠，幾乎是向玉皇大帝盜御璽替李白蓋上「千秋萬歲名」。天啊，李白永恆不朽的第一顆印章，是杜甫幫他蓋上的啊！

前人評論夢詩是「千古交情，以此為至」，確實，誰比杜甫更有資格稱是李白的知己？所謂知己，是與你一起面對永恆生命的人啊！

樹碑立傳

不幸中之大幸，七五九年春天，李白於流放夜郎途中行至白帝城（今重慶奉節）遇肅宗大赦，不必去貴州了。我輩做學生時必背的〈早發白帝城〉：「朝辭白帝彩雲間，千里江陵一日還。兩岸猿聲啼不住，輕舟已過萬重山。」說的就是這事。少年時不知人生滋味讀此詩意在賞景，如今老眼昏花看不清風景賞的是囚鳥高飛的心情。杜甫當然不知道春天時李白遇赦返回江陵，才會在秋天寫下兩首夢詩。顯然不久後他也打聽到消息，心情一寬，寫下第八首詩**〈寄李十二白二十韻〉**，以詩代書寄給李白。

昔年有狂客，號爾謫仙人。
筆落驚風雨，詩成泣鬼神。
聲名從此大，汩沒一朝伸。
文彩承殊渥，流傳必絕倫。
龍舟移棹晚，獸錦奪袍新。
白日來深殿，青雲滿後塵。
乞歸優詔許，遇我夙心親。

【樹碑立傳】

未負幽棲志，兼全寵辱身。
劇談憐野逸，嗜酒見天真。
醉舞梁園夜，行歌泗水春。
才高心不展，道屈善無鄰。
處士禰衡俊，諸生原憲貧。
稻粱求未足，薏苡謗何頻。
五嶺炎蒸地，三危放逐臣。
幾年遭鵩鳥，獨泣向麒麟。
蘇武元還漢，黃公豈事秦。
楚筵辭醴日，梁獄上書辰。
已用當時法，誰將此議陳。
老吟秋月下，病起暮江濱。
莫怪恩波隔，乘槎與問津。

這是寫給李白最長的一首詩，與第四首**〈冬日有懷李白〉**：「寂寞書齋裡，終朝獨爾思」同，以第二人稱寫就，「爾」、「我」並用，這是書信體慣見的傾訴筆法，千言萬語道不盡。

前兩首夢詩憂懼過深，一聽到遇赦消息，心情大轉折，欣慰、激動交織之下起念寫詩，此時創作情感與現實情感滙合，必然澎湃且拉高到綜覽全局的視角，這是杜甫擅長的，然因貼近己心，自己的感情也迫不急待地放進去，使得這首長詩奇特地具備全視角又兼蓄回憶中才有的密語成分——「遇我夙心親」、「劇談憐野逸」，相遇時你與我親近一償詩心夙願，暢談甚歡憐愛我這個野逸之人——前者讀來如李白小傳，後者是念念不忘當年一起醉舞行歌、最誠懇最純粹的杜甫情愫。更特別是，詩最後一大段為他訴冤，相信他是無辜的，把李白與自己合一視之，你的冤屈就是我的冤屈，故結語「乘槎與問津」有我會為你討清白的意涵。

何等動人！

我們不知詩何時寄出如何投遞，只知未獲回音。寫給李白的詩，都石沉大海。

秦州只是暫棲，杜家將啟程往同谷縣。猜想，他在等信，一再延遲出發，秋深冬近氣候漸漸變壞，不宜再拖，在這個前不著村後不著店的空隙，他寫下第九首**〈天末懷李白〉**：

【思深問切】

涼風起天末，君子意如何。
鴻雁幾時到，江湖秋水多。
文章憎命達，魑魅喜人過。
應共冤魂語，投詩贈汨羅。

「君子意如何」、「鴻雁幾時到」，思深問切，末四句仍是抱屈之語，或許也從此處自寬，推想李白沉冤未雪陷於憂讒畏譏之中無心回覆。信，終究沒等到。

到目前為止，九首詩詩題：〈贈李白〉、〈贈李白〉、〈與李十二白同尋范十隱居〉、〈冬日有懷李白〉、〈春日憶李白〉、〈夢李白二首〉、〈寄李十二白二十韻〉、〈天末懷李白〉，十四年來每一首都在呼喚李白李白李白，寫於春天、秋天、冬日，尤其秋天，李白似乎是杜甫到了秋天必然發作的相思病。被思念的人知道嗎？或許知道，或許不知道。

烽煙仍然未熄，杜甫仍是杜甫。

自秦州啟程往同谷縣遷徙，冬風送寒，旅途淒涼。我們跟隨他的腳步踏遍荒山野嶺，實言之，要說流放，杜甫的漂泊旅程更像流放。而他不知怎麼積累的，竟有那麼寬闊的慈愛之眼、那麼厚實的惻隱之心；〈石龕〉一詩寫於旅途中，有句：「熊羆咆我東，虎豹號我西。我後鬼長嘯，我前狨又啼。天寒昏無日，山遠道路迷。」足見行旅艱險。他後期的詩除了記錄遷徙路線圖，更動人是做田野調查記下人民悲歌，這首詩寫途中聽到峭壁深林處有人哭嚎，問是誰，是個砍竹的人，稱官府要求他們砍伐上等竹子作箭杆，這種竹子都砍盡了，繳不出來怎麼辦？前方士兵拚存亡，後方百姓拚徭役也是死活一線間。杜甫詩中，俯拾皆是黎民悲歌原音重現、百姓困頓身影的短視頻。

一歲四行役，專家推算七五九這一年杜甫旅行里程數達八百公里，歲末十二月抵達成都。自此之後，「李白」二字不再出現在詩題上。

作為千年後的讀者，尾隨這段傾斜的情誼，不禁想對杜甫說：「這個人，您就不要再想了吧！」

【第三階段　永恆的懷念】

獨憐

杜甫一生中歲月靜好的日子在成都草堂，難得安穩。但細究之，仍舊是安穩少顛盪多，這裡民變、那裡賊亂，在蜀中逃來躲去，哪能悠哉度日。杜甫後期以「悶」立題的詩多起來，遣悶、撥悶、解悶、釋悶，憂心朝政邊擾、挂繫叛軍賊亂，有一首絕句寫得咬牙切齒：「前年渝州殺刺史，今年開州殺刺史。群盜相隨劇虎狼，食人更肯留妻子？」刺史被刺，耗損率真高，亂世時局，焉能不悶！我替他算了，真正在草堂安家、過安穩生活前後兩階段加起來不到五年。如果文學史要選拔逃難選手，我會推薦杜甫，含著眼淚目睹他那雙遍布老繭雞眼凍瘡的腳盤。

嚴武，這個名字我以前不熟，重讀杜詩之後，發現他才是真正守護杜甫的貴人。杜甫寫給這位小十四歲摯友的詩（加上提及）有三十五首之多，這是兄弟感情、知己恩遇。

他倆很早就相識，嚴武於七六一年被任命為劍南節度使兼成都尹，次年方到成都，與杜甫往來頻繁，資助甚殷。無奈七個月後奉召返朝廷，杜甫依依不捨，一路送他送到綿州的奉濟驛站，寫詩〈奉濟驛重送嚴公四韻〉贈別，又是一場老淚縱橫：「遠送從此別，青山空復情。幾時杯重把？昨夜月同行。列郡謳歌惜，三朝出入榮。江村獨歸處，寂寞養殘生。」

我讀這首詩讀得心酸，他寫給李白那些詩的關鍵字、相似心情在這裡出現；給白「何時一樽酒」、給嚴「幾時杯重把」，給白「攜手日同行」、給嚴「昨夜月同行」，給白「寂寞書齋裡」、給嚴「寂寞養殘生」。啊，寂寞，就是這兩個字，那麼明顯地把杜甫這顆心的傷痕露了出來。

杜詩中幾度提到寂寞。一為李白「千秋萬歲名，寂寞身後事」憐其繁華落盡，孤寂冷清；二為自己「寂寞書齋裡，終日獨爾思」寫寂靜無聲，心思漫想；三寫天地萬物進入蕭索狀態「魚龍寂寞秋江冷」，相較下，此處「寂寞養殘生」更見悲情。五十一歲老了啊，怎麼三十多歲時說的寂寞，如今還要再說一次？明朝黃生說，送別詩至此，不忍再讀。然而，察覺不忍再讀已晚了一步，發現自己站在杜甫身後，目送他的背影濕了眼眶。

寫到此，有話要說：關於杜嚴友誼，《舊唐書》記載，說杜甫這個人性格褊躁、無器度、說話放肆，嚴武性格暴烈，杜甫得罪嚴武，武不以為忤。到了《新唐書》，嚴武動手了，多次欲殺杜甫——沒看錯，是「殺」——如此這般，寫得像幫派角頭不和。合理懷疑新、舊唐書編輯對杜詩不熟，光讀上面那首送別詩，像一個「險被殺的人」依依不捨送「要殺他的人」、哀嘆他任務未完成嗎？這還不夠生氣，《舊唐書》還寫「天寶末詩人，甫與李白齊名，而白自負文格放達，譏甫齷齪，而有飯顆山之嘲誚……」連李杜友誼也抹黑了。在我看來，這兩條史料背後都有濃濃醋酸味，見不得別人好，藏在暗處的那個編寫者，嫉妒李杜、杜嚴情誼仿若螞蟻爬滿全身扭曲了性格，寫文章刻薄得很，像酸菜甕拖出來的自己還覺得夠味（我這話也很刻薄，認錯，但不收回）。

或許嚴武也捨不下這個老哥哥，七六四年請調回成都擔任原職——當然最重要是鎮民亂、防吐蕃——當時杜甫人在閬州本要買船往荊湘去，嚴武邀他回成都，杜甫聽到消息高興得跳起來，寫〈奉待嚴大夫〉，首句：「殊方又喜故人來，重鎮還須濟世才」，人在偏遠之地聽到老朋友重鎮蜀地欣喜若狂，詩末：「身老時危思會面，一生襟抱向誰開？」期待與他相見、訴說心志之情溢於言表，遂取消東遊。

我讀他重返草堂的詩，也沾染那份狂喜，杜甫一生，除了〈聞官軍收河南河北〉之外這種「喜欲狂」的時刻太少太少；〈將赴成都草堂途中有作先寄嚴鄭公五首〉其四有句：「生理祇憑黃閣老，衰顏欲付紫金丹。三年奔走空皮骨，信有人間行路難。」透露生計全靠嚴武撐著，這是親兄弟都做不到的。

另有〈草堂〉一詩，記述數年間蜀亂及出逃返回經過，雖非名篇，卻讀到晚年滄桑與自我卑抑心情。

詩長六十二句，前半三十六句寫蜀地叛亂、黎民遭殘害，後半二十六句寫自身；「賤子且奔走，三年望東吳」指自己避亂奔徙，以為無法再回草堂，三年來盤算欲往東吳去。重回心心念念的草堂，見到：「入門四松在，步屧萬竹疏」那四棵松樹都還在，只不過竹林稀疏了些；接著寫的情節極家常卻特別動人：「舊犬喜我歸，低徊入衣裾。鄰里喜我歸，沽酒攜胡蘆。大官喜我來，遣騎問所須。城郭喜我來，賓客隘村墟。」大官指嚴武，四個「喜我」，舊犬舊鄰舊友舊城都歡喜他歸來，可見在鄉里間有好名聲。接著詩末自述感受，讀來卻不尋常，「天下尚未寧，健兒勝腐儒。飄颻風塵際，何地置老夫？於時見疣贅，骨髓幸未枯。飲啄愧殘生，食薇不敢餘。」稱自己賤子、腐儒、老夫、疣贅，很慚愧還活著浪費食物，一口野菜我也不敢剩下。說這樣卑抑的話叫我難受，什麼時候開始他眼中的自己愈縮愈小，小如微塵卑似飛絮？

我尋思許久，揣想是性格原型使然。他具有大地之母特質，這特質或許來自家族遺傳。他提過，幼年在二姑家與表弟同時生病，姑問巫，巫稱將患者置於屋裡某處易存活，姑將小杜甫置於此，後來表弟夭亡。這條材料之所以動人，在於姑姑具有大地之母心胸，而杜甫終生不忘是個記恩的人，同時也被姑母高貴的情操啟動、導航成為繼承者。

我們讀杜詩，特別能感受詩中處處垂愍蒼生、體恤萬物的慈悲胸懷，且不說筆下記載亂世人民苦錄，即使尋常所見，也充滿憐憫；觀打魚，同情半死半生掙扎的魚群；看到地上被綁著要送去市集賣的雞隻，要求替牠稍微鬆綁；路途相遇，同情哭泣的砍竹者；茅屋屋頂被風吹翻，思及天下寒士；看到少數民族女性上山砍柴、背負過重的木柴，同情她們命運悲苦，結婚不易大都在苦役中孤獨老去。題外一話，杜詩中跟女性相關的詩極少，〈佳人〉借寫女性隱喻君子、〈新婚別〉寫新婚即成為征婦的悲慘故事、〈負薪行〉寫勞役女子。他總是看到女性受苦的那一面，這是很溫暖的。

另外，有一首不被行家注意的家常小詩〈題桃樹〉，對我來說卻有標記作用：「小徑升堂舊不斜，五株桃樹亦從遮。高秋總饋貧人食，來歲還舒滿眼花。簾戶每宜通乳燕，兒童莫信打慈鴉。寡妻群盜非今日，天下車書正一家。」門前種五棵桃樹，不由得我聯想陶淵明〈桃花源記並詩〉夾岸桃花一景，顯示杜甫經營草堂有避亂終老於此之意。通往廳堂的小路原本是直的，五株茂盛桃樹把路遮歪了，杜甫不修不砍讓路給桃樹，因為春天開花舒眼，秋天結成桃子可以讓窮人摘來吃。沒東西吃時幾個香甜桃子就是一餐，餓過的人才有這份體貼。更寫到捲起門簾讓乳燕自由飛翔，囑咐孩子不要嫌烏鴉不祥任意傷害牠們，須知牠們也是慈愛的母親、依偎的雛兒。他的慈悲遍及草木鳥獸蟲魚，這是佛才有的眾生平等的眼睛，神才有的守護生靈的胸襟。而這雙眼睛、這份胸襟看著殘破世間、塗炭生民卻無能為力，抑鬱至極轉而自抑自卑，形成精神上的苦行者了。

有一首長詩〈太子張舍人遺織成褥段〉頗有意思，一位長安來的貴客送他一件名貴的錦繡絲織品，作為杜甫陪同宴飲的謝禮，料想也是對老詩人表達敬意。一般人道謝收下就是，杜甫不收，還落落長寫了三十六句說明理由，詩中：「領客珍重意，顧我非公卿。留之懼不祥，施之混柴荊。服飾定尊卑，大哉萬古程。今我一賤老，裋褐更無營。」多謝貴客好意，我非公卿，收下恐怕不祥，混在我這粗陋屋子裡也糟蹋了好東西。自古以來服飾有尊卑之分，我一個卑微老人，穿粗布衣很知足別無所求。詩末：「奈何田舍翁，受此厚貺情。錦鯨卷還客，始覺心和平。振我粗席塵，愧客茹藜羹。」自稱田舍翁，受不起這麼昂貴的禮品，把禮物奉還，才覺得心安，拍拍粗席子上的灰塵，很慚愧只能用藜葉菜湯招待貴客。

專家認為此詩暗中勸誡嚴武莫驕奢惹禍，我贊成。但對我來說，更能佐證一個人斷離、苦行成自然的實況。所謂無欲則剛，杜甫走到這一步已是光風霽月，能夠挺直腰桿面對朗朗乾坤了。

我多情地聯想，嚴武讀了這首詩，被「顧我非公卿」、「服飾定尊卑」觸動了脾氣。上次那首〈草堂〉滿篇賤子、腐儒、老夫、疣贅已讓他怪難受的，現在又來「今我一賤老」，於是動念要給老哥哥一個官職；這事以前就提過，杜甫拒絕，這回由不得他，嚴武話說得硬幫幫地：「你答應是這回事，不答應也是這回事，我說了算。」嚴武那脾氣強起來挺嚇人的。

經嚴武奏請，任杜甫為節度使參謀、檢校工部員外郎，獲准穿緋紅色官袍、佩銀魚袋。「以後不許再說什麼賤老、裋褐，我不愛聽！」想必在慶祝酒席上，嚴武說了這話。

我想來想去，覺得這是嚴武用心守護，給老哥哥一個名分，可以帶入棺材寫在墓誌銘傳到後世，我們今日稱杜甫「杜工部」本於此。這是知己才有的體貼，知己就是替你想到永恆生命的人。前人看杜嚴交誼，言「有親戚骨肉之愛」、「嚴係知己中第一人」，我完全贊同。對嚴武而言，杜甫就是無血緣的親大哥。

李白呢？這名字不提了，忘了嗎？

沒忘。七六二年，在一次宴席上，聽到大家議論李白近況，話語中殺氣騰騰，杜甫忍不住說了不同的意見。回家後寫下第十首**〈不見〉**：

不見李生久，佯狂真可哀。
世人皆欲殺，吾意獨憐才。
敏捷詩千首，飄零酒一杯。
匡山讀書處，頭白好歸來。

啊，應該怎麼進入這首詩的心情呢？

不見、久，不必借用典故、古籍雕飾，就這麼直白且輕輕地跨過多少歲月堆砌起來的高牆，「好久不見了啊」。稱「李生」比以前直呼「白」有了荒階苔深的疏離感，這種感覺凡是經歷過「情到深處情轉薄」的人都能體會，這個人的身影還藏在心裡，但這個人的名字許久未說出口，以致於開口前停頓了一下，不知該怎麼稱呼，那就客客氣氣地稱「李先生」吧。

李白晚年似乎精神受困，「佯狂真可哀」，是裝瘋賣傻還是真的瘋癲失常，杜甫心裡為他留一個霧霧的輪廓不忍把話說死，這一層霧色，見寬厚見一個長年繫念的知己心中何等不捨。聽到這些消息讓他起了哀感，頓時酒喝起來割喉、菜吃起來無味。席間眾人議論李白當年參與李璘叛變應該殺頭，「吾意獨憐才」，「獨」這個字下得何等呵護、何等有力量，而且何等孤單！仍是那個孺慕他、敬愛他的杜甫才會說的話。寫到「敏捷詩千首，飄零酒一杯」，情愫回來了，呼應之前贈詩一再讚嘆詩才、一再期盼把酒話滄桑的深情，封存的情感一旦揭開便流淌而出，李白早年曾在蜀地匡山（戴天山）閉門讀書，詩末化為呼喚：「當年你讀書的匡山還在，如今頭髮白了，遊子啊遊子，歸來吧。」藏在內心深處沒說出但我多疑地窺見有一綹閃爍的心思：「我在蜀地，來作伴吧！」詩題〈不見〉，詩末卻渴望一見。

這是寫李白的最後一首詩，當然李白不可能讀到。讀到的是後世的我們，讀到的仍是一往情深。

李白終究沒有回來。他的生命能量不是凡人衰頹的肉體關得住的，經歷繫獄流放遇赦，一般人必定從此息交絕遊、閉門避禍不問世事，「江山留與後人愁」（李清照語），而他不是，江山不留與後人愁，七六一年六十一歲還要從軍報國，半途因病才折回，這一病就是最後了。其絕筆詩〈臨終歌〉：「大鵬飛兮振八裔，中天摧兮力不濟。餘風激兮萬世，遊扶桑兮挂左袂。後人得之傳此，仲尼亡乎誰為出涕？」這樣的氣魄，第一次讀覺得是臨終絕筆沒錯，讀第二遍卻覺得會死裡逃生、再次搏扶搖直上橫空而飛九萬里。這就是李白，豪氣不滅，沒有一條世間法能繩住他。

〈不見〉詩中「歸來」一語成讖，此詩寫成幾個月後的冬天，李白在安徽當塗辭世，塵世生命止息，歸返仙籍。

說不定，杜甫寫〈不見〉時正是李白寫〈臨終歌〉時，若是如此，「頭白好歸來」就是知己才有的感應，預知死亡、魂兮歸來的招魂語。

一個神慕戀一個仙

杜甫專書李白十首詩之外，提及李白的有五首，除去前述三首，另兩首**〈昔遊〉**、**〈遣懷〉**[7]寫於七六六年寓居夔州之時，讀來像先寫回憶之作〈昔遊〉，意猶未盡再寫〈遣懷〉。

離生命結束還有四年，他的處境愈老愈淒苦。當此時，李白死了，嚴武、高適於前一年也死了，〈遣懷〉有句：「亂離朋友盡，合沓歲月徂。吾衰將焉託？存沒再嗚呼。蕭條病益甚，獨在天一隅。」你們都走了，剩我一人獨活，叫我怎辦？杜甫晚年多病且耳聾，曾自謂凋瘵鼓斜，但願有仙人的流霞涓滴潤澤他。兩首長詩如濤浪拍岸，最動人的仍是回憶與李白、高適相識共遊以及哀嘆摯友仙去的部分。一個人從盛年到老殘，珍藏情誼始終不疑不變，這是何等高潔的心。

然而，對李白這人，杜甫失望過嗎？

將十五首詩依序排讀，不可能讀不出一個人將一份濃厚情懷投擲入深谷卻聽不到回音的失落感。他問過為什麼嗎？有，他自問過，證據就在〈幽人〉[8]這首詩。

幽人指隱士，沒有人把這首詩跟李白做聯結，注家認為是流寓失所而思及世外仙侶。可是我怎麼讀都覺得裡面有李白身影飄來飄去，尤其「天高無消息，棄我忽若遺。內懼非道流，幽人見瑕疵。」幽人察覺我有不足之處，與他們非同一道流，遺棄了我，與我斷了消息。這樣的話，杜甫會跟范十、元丹丘或是其他偶有往來的修道者說嗎？我覺得交情沒那麼深，無須動用到「天高無消息，棄我忽若遺」這麼哀怨的話。我直覺，他心裡想的是李白，「棄我」是淚下之語。

所有讀過李杜交誼、贈詩的人都想解釋，為何李白斷了音訊且斷得那麼乾淨？

洪業認為：「兩人完全不一樣，李白本質上是一個逃避主義者（Escapist），杜甫在內心深處是改革者（Reformer），逃避主義者自然將人與人之間的關係看得更輕。最好的改革者不會簡單地因為感情得不到回報就讓它淡漠下去。」他意猶未盡地加上一句：「杜甫對李白的高度尊重和深切的愛戴令人印象深刻。」講得真透徹。

但審視李白詩中的交遊，走到哪裡朋友交到那裡，交遊滿天下，絕非輕看人際、性好僻靜喜獨處之人，相反地，他必須在人群中才能活出光熱。雖然大都是泛泛之交，但是讓他入心用情的人也是有的，譬如與年輕時相識、偕隱的朋友元丹丘就是一生交情，其仙道思想或有受他影響之處，贈詩給他超過十首且在其他文章多次提及。李白奔放不羈，誰也綁不住他，但與元丹丘氣激道合，結神仙交。〈下途歸石門舊居〉據說寫於辭世那年，探望隱居於當塗橫望山的元丹丘，心中大約有數此是今生最後一面，執手將別，依依不捨：「吳山高，越水清，握手無言傷別情。將欲辭君挂帆去，離魂不散煙郊樹。此心鬱悵誰能論？……挹君去，長相思。雲遊雨散從此辭。欲知悵別心易苦，向暮春風楊柳絲。」離別詩至此，也是不忍再讀。

人與人交誼能夠長遠，必然是在對方身上看到值得讚嘆、追尋的部分，或是才華蓋世、思想智識過人或是人格澡雪，也許，李白身上有杜甫讚嘆的部分，元丹丘身上也有李白佩服的地方；杜甫過不了李白這一關，李白過不了元丹丘這一關。

為何兩年交誼即讓杜甫一生魂牽夢繫？

首先，他們在彼此人生奇特的轉折點相遇；四十四歲的李白往後十八年都是低谷、三十三歲的杜甫往後二十六年也是淵谷，在那個由高昂朝向低迷的轉折點，最後一次飛揚跋扈意氣風發，最後一場結伴出遊痛快謳歌，對杜甫而言，這是詩人與詩人之間的印心儀式，以詩歌歃血為盟，完成精神上的結拜。往後，不管寄寓長安、避難荒村，每一個艱苦時刻，那趟旅遊、那罈醇酒、那首妙詩、那可親可喜之人總會洄瀾而至，撫慰著他，暫忘現實荊棘。換個角度看，他對李白的思念，或許是苦難一生中唯一值得重返的追憶逝水年華，對最後一場青春無盡的緬懷。

李白吸引杜甫的，一是仙道思想一是詩。前者雖如曇花一現不再是思想主軸，但心裡仍有飄然之想，越是無法親近越有羨慕之心，而後者方是關鍵；相關贈詩計八次提到詩：「李侯有佳句」、「不忘角弓詩」、「白也詩無敵」、「詩成泣鬼神」、「投詩贈汨羅」、「敏捷詩千首」、「李白一斗詩百篇」、「近來海內為長句，汝與山東李白好」，可見何等讚嘆他的曠世詩才，稱之為頭號粉絲不為過。一個天才如此賞愛另一個天才，何等震撼！

李杜兩人性情、特質，有相近部分亦有判若雲泥之處。杜甫有遊子性格，青壯時期遨遊天下，詩中以「遊」立題甚多，壯遊、昔遊、遠遊、薄遊、重遊、後遊不一而足，這部分跟李白合拍，杜甫是奔馬，李白是飛鵬，皆能四海為家。但兩人的感情流淌方式差異甚大，李白熱烈如火山噴發當下即成，從詩中看，他的情感有表層有深層，寫給杜甫那兩首詩的情思來自深層，跟一般酬酢相贈絕對不同，與寫給元丹丘的詩相近，皆是源自內心深處那一泓清泉。

因為有詩且是好詩，杜甫在他心中的地位不同，他不可能看不出這個年輕人的詩才、不可能沒讀過他的精采詩篇、不可能無法預見他的成就，杜甫都能看出李白「千秋萬歲名」，李白怎會看不出杜甫的重量？那麼，為何往後不再聯繫？我猜測，安史之亂前他的交遊名單太擠無暇顧及，之後涉及叛案受懲，大約也怕對方為難無意敘誼。杜甫寄給他的詩〈寄李十二白二十韻〉有沒有收到？我判斷，沒收到。以下根據小人之心揣度，如果我是枕邊人，曾經拉住衣角不讓他走，阻止他應永王徵召，之後果真受牽連繫獄流放、僥倖遇赦留住一條老命回到家，我這個枕邊人除了給他燉豬腳麵線、過火盆袪霉運之外，必定監管信件、過濾訪客。所有我不認得、不信任、不高興的，全部封鎖。李白家後院燒枯枝落葉那個大火盆裡，也許驗得出杜甫那首詩的灰。

與李白的熱情相異，杜甫的感情流淌方式溫厚似細水深長。說「細水長流」並不精確，細水怎能長流？若沒有源源不絕的活水注入，一彎細水很快枯竭。人與人之間的情感發展也類此，需彼此不斷灌注方能持續。但杜甫是個異數，對方不來灌注，他內心自有源源不絕的情感活水注入其間，使得細水不僅不竭，反而豐沛起來。

找不出第二個人像李白一樣在杜甫心中有如此特殊的位置，杜甫把作為一個人、一個男人、一個詩人的浪漫情懷全部給了李白，惟有將這三種浪漫加在一起才能產生那麼強烈的情感、如此不滅的銘刻。

屬於一個人的浪慢表現在興趣類同，能相伴而行步調一致，能攜遊共賞而趣味橫生，能吃喝滿足玩樂盡興而不覺煩膩，這是生活層面的。莫以為這是小事，我們盤點交友簿，有幾個是你願意與之在一年內一起旅行四次而不倦的，當知氣味相投的旅伴有多難得。

屬於一個男人的浪漫表現在壯志激盪胸懷天下，道同相謀，濟世闊論、用世抱負，這是政治性與思想性的。

屬於一個詩人的浪漫表現在文學理念相近，讚賞對方才華，喝采、高評，這是文學性的。如果對方是異性，只要符合其中一項就可以結婚，三項皆符合，絕對是今生摯愛。

是以，自相識算起橫亙二十多年，寫給李白的加上提及的詩有十五首之多（依我之見，加上〈幽人〉共十六首），〈贈李白〉、〈春日憶李白〉、〈冬日有懷李白〉、〈天末懷李白〉、〈夢李白〉……讀詩題即能感受漾漾情意，後世評論李白絕對不會漏掉杜甫對他的讚辭。都說文人相輕、同行互嫉，那是器量狹窄者，杜甫的心萬里無雲，一生如此。即使隔了一千兩百多年，讀到「醉眠秋共被，攜手日同行」、「何時一樽酒，重與細論文」、「寂寞書齋裡，終期獨爾思」、「故人入我夢，明我長相憶」、「三夜頻夢君，情親見君意」，也會心動至熱淚盈眶。我無意多作聯想可是也忍不住低吟，我相信純粹的同性之情尤其在心靈層次銘印過之後是刻骨銘心的，並不亞於驚心動魄的初戀。

我要把洪業所言「深切的愛戴」濃縮成「深愛」來理解；杜甫對李白的感情，精純沒有雜質、尊重沒有保留、賞愛沒有嫉妒、呵護沒有瞋怒、關懷沒有要求、憐惜沒有遲疑、思念沒有動搖、仗義沒有計算，一位偉大詩人得到另一位偉大詩人的浪漫感情，那份以心相印、惺惺相惜的慕戀之情，美好得像一首詠嘆調，宜乎靜靜地聆聽。

我不禁想，杜甫是人族卻不僅僅是人，他流露了佛性接近了神，而李白是縹渺無蹤的仙族。一次相遇兩年交誼，李白成為杜甫遺世而獨立的兄弟、詩友、知己、仙侶與戀慕之人。李白與杜甫，兩顆巨星會照，成就一個行走世間的神慕戀一個逍遙雲空的仙、共赴永恆的故事。

涕

李白繫連杜甫的文學生命，嚴武繫連他的塵世生命。

嚴武四十歲猝逝，杜甫頓失依靠，外頭局勢不穩恐有新亂，「萬事已黃髮，殘生隨白鷗」（〈去蜀〉）舉家離開成都，進入人生最後漂流。七六九至七七〇年冬天逝世，一年十個月末程，為了投靠親友在岳州、潭州、衡州間多次往返，最後路徑圖「岳潭衡潭衡潭岳」像一句悲哀的七言詩。他的絕筆詩〈風疾舟中，伏枕書懷三十六韻，奉呈湖南親友〉，述身世、感國難、謝親友、反躬自省，五言排律氣勢宏偉、廣博沉雄，一個窩在破船上被病魔摧殘至無法起身的人，信手拈來仍是一個神字一個聖字。最後兩句「家事丹砂訣，無成涕作霖」承擔家運、修道煉丹都一無所成，自愧而淚下如雨。我直覺，丹砂指涉早年與李白「拾瑤草」、「鹿門期」、「滄海情」之約，若是，臨死前還想起李白啊。且不約而同地，兩人的絕筆詩都有一個「涕」字；李白環顧外境，「仲尼亡乎誰為出涕」，孔子（喻最偉大的評論家）已死，誰為我哭？杜甫返觀自身，自省一生無成而垂涕。兩個涕字，一是人為我哭，一是我為自己哭，性格相異，仙與神之不同，由此可證。

七七〇年秋冬，杜甫在潭、岳州之間的小船上闔眼，五十九歲塵世生命止息了，卻延續著人生版本那一個「寄」字：**「第五時期，寄骨岳陽四十三年」**，直到孫子杜嗣業長大，籌措旅費，八一三年護送祖父棺木歸葬河南偃師的家族墓塋，並鄭重地央請元稹為杜甫撰寫墓誌銘。

不再漂泊了，杜甫終於回家。同時遇到第二個護送他的人元稹，這個在他過世後九年（七七九年）才出生的小伙子來到三十六歲，自年輕起捧讀杜詩、激賞杜詩，焚香沐浴之後，恭恭敬敬地寫下「有詩人以來，未有如子美者」，護送杜甫坐上那把除了他沒人敢坐的**「詩聖」**龍椅。

好一樹李花

且說，杜甫死後靈魂升天，恢復杜字返回辭書「木部」原籍銷假報到，還沒走到「三畫」門口，見李字朝他揮手，喊：「阿杜阿杜，你終於回來了，哎呀我想死你了！」

杜字不發一語，回到座位坐得端端正正地連一片葉子都不外露。見李字不走，忍不住開口：「你好意思讓我念你一輩子嗎？」

李字訕訕而笑：「哎呀呀，是我的不對，給你賠不是，你包涵我那麼多次，再包涵一次吧。」

杜字不理。李字化作一顆酒紅色李子，在杜字座下滾來滾去，左一句我的兄弟右一句我的知己。杜字氣還沒消，化作一隻杜宇鳥，將它啄出去，丟得老遠。李字還是跑回來賠禮，忽然想起杜字在成都草堂門前種五棵桃樹寫過「來歲還舒滿眼花」是個愛花的人。心生一計，說：「別氣別氣，我開花給你看，你看了就舒心！」話才說完，好一樹李花把杜字團團圍住。

如果路過田野，見一排李樹開花開得異常燦爛，白得像化不掉的春雪、不想走的流雲、說不盡的纏綿語句，且當作這個春天，李白又給杜甫賠了不是。

1 《詩經．杕杜》：「有杕之杜，其葉湑湑。獨行踽踽，豈無他人？不如我同父……」杜即是赤梨、甘棠，所結果實類似臺灣市場常見醃漬的「鳥梨仔」。

2 高適有〈宋中〉十首、〈同群公秋登琴臺〉等，李白有〈秋獵孟諸夜歸置酒單父東樓觀妓〉、〈尋魯城北范居士失道落蒼耳中見范置酒摘蒼耳作〉等。

3 關於李白、杜甫、高適這一場世紀相會，時間在唐玄宗天寶三年（西元七四四年）無疑義，地點則有不同說法，長安、洛陽、開封（陳留）、商丘。我採洪業《杜甫：中國最偉大的詩人》、郁賢皓《天上謫仙人的祕密》看法，認為在開封相遇較合理。至於三人相識先後，一般認為，李、杜初識，李、高初識，杜、高早年相識。

4 關於〈題張氏隱居二首〉，有說寫於七三六年落榜那年，張氏是他的舊友。洪業先生認為寫於七四五年租住石門之時，我認同他的看法；詩第一首：「春山無伴獨相求，伐木丁丁山更幽。澗道餘寒歷冰雪，石門日斜到林丘。不貪夜識金銀氣，遠害朝看麋鹿遊。乘興杳然迷出處，對君疑是泛虛舟。」張隱士隱居於石門山上，杜甫住山腳下，有地利之便，故能多次造訪。若是七三六落榜那年，杜甫父親仍任兗州司馬，理應住家裡才是，不太可能有多次訪幽之行。況且，大考落榜，杜爸爸應該不樂見兒子一天到晚去拜訪隱士吧。

5 見〈聞丹丘子於城北山營石門幽居中有高鳳遺跡僕離群遠懷亦有棲遁之志因敘舊以寄之〉，約寫於七五〇年，時元丹丘在河南城北山隱居。

6 李白有時用前言作詩題，此詩題長四十二字，即是一則前言：〈翫月金陵城西孫楚酒樓達曙歌吹日晚乘醉著紫綺裘烏紗巾與酒客數人棹歌秦淮往石頭訪崔四侍御〉。

7 〈昔遊〉：

「昔者與高李，晚登單父臺。
寒蕪際碣石，萬里風雲來。
桑柘葉如雨，飛藿去徘徊。
清霜大澤凍，禽獸有餘哀。
是時倉廩實，洞達寰區開。
猛士思滅胡，將帥望三臺。
君王無所惜，駕馭英雄才。
幽燕盛用武，供給亦勞哉。
吳門轉粟帛，泛海陵蓬萊。
肉食三十萬，獵射起黃埃。

隔河憶長眺，青歲已摧頹。
不及少年日，無復故人杯。
賦詩獨流涕，亂世想賢才。
有能市駿骨，莫恨少龍媒。
商山議得失，蜀主脫嫌猜。
呂尚封國邑，傅說已鹽梅。
景晏楚山深，水鶴去低回。
龐公任本性，攜子臥蒼苔。」

〈遣懷〉：

「昔我游宋中，惟梁孝王都。
名今陳留亞，劇則貝魏俱。
邑中九萬家，高棟照通衢。
舟車半天下，主客多歡娛。
白刃讎不義，黃金傾有無。
殺人紅塵裏，報答在斯須。
憶與高李輩，論交入酒壚。
兩公壯藻思，得我色敷腴。
氣酣登吹臺，懷古視平蕪。
芒碭雲一去，雁鶩空相呼。
先帝正好武，寰海未凋枯。
猛將收西域，長戟破林胡。
百萬攻一城，獻捷不云輸。
組練氣如泥，尺土負百夫。
拓境功未已，元和辭大鑪。
亂離朋友盡，合沓歲月徂。
吾衰將焉託，存沒再嗚呼。
蕭條病益甚，獨在天一隅。

乘黃已去矣，凡馬徒區區。
不復見顏鮑，繫舟臥荊巫。
臨餐吐更食，常恐違撫孤。」

8

〈幽人〉：

「孤雲亦群遊，神物有所歸。靈鳳在赤霄，何當一來儀。
往與惠詢輩，中年滄洲期。天高無消息，棄我忽若遺。
內懼非道流，幽人見瑕疵。洪濤隱笑語，鼓枻蓬萊池。
崔嵬扶桑日，照耀珊瑚枝。風帆倚翠蓋，暮把東皇衣。
嚥漱元和津，所思烟霞微。知名未足稱，局促商山芝。
五湖復浩蕩，歲暮有餘悲。」

【讀一首李白詩】

〈將進酒〉

君不見黃河之水天上來，奔流到海不復回。
君不見高堂明鏡悲白髮，朝如青絲暮成雪。
人生得意須盡歡，莫使金樽空對月。
天生我材必有用，千金散盡還復來。
烹羊宰牛且為樂，會須一飲三百杯。
岑夫子、丹丘生，將進酒君莫停。

與君歌一曲，請君為我傾耳聽。
鐘鼓饌玉不足貴，但願長醉不用醒。
古來聖賢皆寂寞，唯有飲者留其名。
陳王昔時宴平樂，斗酒十千恣歡謔。
主人何為言少錢，徑須沽取對君酌。
五花馬、千金裘，呼兒將出換美酒，
與爾同銷萬古愁。

【讀一首杜甫詩】

〈秋興八首〉其一

玉露凋傷楓樹林，巫山巫峽氣蕭森。
江間波浪兼天湧，塞上風雲接地陰。
叢菊兩開他日淚，孤舟一繫故園心。
寒衣處處催刀尺，白帝城高急暮砧。

一生苦霧

——指認多情男子李商隱

前言

我與李商隱結緣甚晚。

「嫦娥應悔偷靈藥，碧海青天夜夜心。」自小耳熟，但在與古典詩詞關係薄弱的農村，僅止於聽聞，連作者是誰都不知。念中文系時心是飢渴的，被屈原、陶淵明、李白、杜甫、李後主、李清照、蘇軾、辛棄疾、曹雪芹占滿，雖記誦李商隱幾首名篇也止於淺碟沾醬。大約良心上覺得應該進一步認識晚唐詩人，興沖沖購入馮浩《玉谿生詩集箋註》精裝書，翻讀幾頁，猶如上刀山，自動放棄交給塵埃保管，這一放手四十年一瞬目。能在年輕時愛上、讀懂李商隱詩的，必是天才與老靈魂，我本庸才，讀不懂誠屬自然。然而奇特地，東迴西繞，竟繞到最適合與李商隱相逢的路上。上世紀坊間出版一套歷代詩人選集，我購入，巴掌長的隨行小冊易於攜帶，聊以填補出行的零碎時間。某次，需單獨飛航幾個城市，站在書架前，第一眼取出〈李商隱詩選〉連同護照放入隨身背包。機場是讓人漂浮的異世界，艱深詩句有定錨作用。遠行期間，白晝行程緊湊，夜宿旅店無眠，誦「竹塢無塵水檻清，相思迢遞隔重城，秋陰不散霜飛晚，留得枯荷聽雨聲。」[1]彷彿置身秋晚霜飛之境，聽雨滴打在枯荷葉的聲音，竟能漸漸入夢。

旅行結束返臺，詩集放回書架繼續塵封。再次遇到已是數年後，仍是隨手一抽抽中李商隱，這次要去的地方沒有美景只有痛，與健保卡、住院報到單一起陪我入住「肉身維修廠」。躺上手術臺注射麻醉藥前，忐忑之際，心念繫於佛世界、腦海卻竄出「春蠶到死絲方盡」詩句，如此交錯，若我醒不過來，此身最後烙印的是李商隱詩痕，也算唯美。術後肉身如寄放在置物櫃忘了密碼，必須借野蠻意志通過疼痛路段，佛號與詩句交互出現；「一寸相思一寸灰」夾入南無藥師琉璃光如來佛、「深知身在情長在」伴隨悲海緣聲觀世音菩薩。說來有緣，三次刀光之災，陪我的都是李商隱；兩次帶詩集，一次帶葉嘉瑩《美玉生煙》——書名化自〈錦瑟〉詩句「藍田日暖玉生煙」——她寫道：「我遭遇到很多人生中的挫折、苦難、不幸的事情，都是用李商隱的詩來化解……」讀之頓感天涯淪落人，心有靈犀。而「心有靈犀一點通」也是李商隱詩句，前一句「身無彩鳳雙飛翼」。用他的詩句來比擬我與他的關係也是妥貼的；年輕時雖有彩鳳雙翼，心不夠蒼老，進不去懸崖詩界，而今雙翼朽壞，心泡在五味裡熟透了，變身為神奇異獸一頭犀牛，能感應詩魔筆下那一個沉博哀豔的靈異世界。至此有悟，屈原是用來膜拜的，陶淵明是用來親近的，李白是用來嚮往的，杜甫是用來尊敬的，蘇東坡是用來追隨的，而李商隱，是用來傾訴與陪伴的。

誤入迷霧中

新購三大冊《李商隱詩歌集解》放在桌上，熱咖啡一杯，翻開目錄，心生歡喜，彷彿回到春風吹動椰樹的年代。

起初，只想賞讀〈驕兒詩〉。

在這之前，為了賞讀左思〈嬌女詩〉、陶淵明〈責子詩〉及杜甫寫兒子的幾首詩已「失手」寫了三篇計四萬多字，讀〈驕兒詩〉時鄭重警告自己只需小幅製作不可投入感情。怎料自制力不佳，酒鬼碰到酒怎可能只喝一口，詩集在手怎可能不貪婪地往下讀，順道重溫有名的十六首〈無題〉詩，起了疑問：「無題」是啥意思？一個善於立題甚至想出〈深樹見一顆櫻桃尚在〉及宛如動物系學生報告的〈蠅蝶雞麝鸞鳳等成篇〉的詩人怎可能想不出題目？那麼，無題即是代稱「不能說」、「說不清」之意。滿溢父愛昭告天下兒子有多優異的父親，懷藏祕密輾轉反側的男子，兩者形象宛如雲泥，哪一個才是「李商隱」？

這一問，啟動開關，重翻《中國文學史》、搜讀新、舊唐書及書籍，竟不由自主地踏入迷霧；愈讀愈沮喪，隔著一千一百六十五年歷史煙塵，陷入如蛇之舌分泌的唾沫沼澤中，看到一個身敗名裂詩人的身影。幾度心緒紊亂，欲放棄又不甘心地前行。我已活過他死時的四十七年紀，無畏無懼，在昏黃華光中早已鈍了針，不再抽一絲時間縫補不值得縫補的人事物，萬一，他是留名文學史卻是不值得深交的人，我恐怕會嗤笑自己老眼昏花。

李商隱是誰？愈讀愈覺得他是千古是非之人，若不是人格破產者，便是遭受抹黑無法洗白。

成於後晉的《舊唐書》寫著：「時令狐楚已卒，子綯為員外郎，以商隱背恩，尤惡其無行。……令狐綯作相，商隱屢啟陳情，綯之不省。……而俱無特操，恃才詭激，為當塗者所薄，名宦不進，坎壈終身。……」關鍵字為：背恩、無行、屢啟陳情、無特操、恃才詭激。成於宋朝的《新唐書》承續筆調：「而牛、李黨人蚩謫商隱，以為詭薄無行，共排笮之。……綯以為忘家恩，放利偷合，謝不通。」關鍵字是：詭薄無行、共排笮之（一起排擠他）、忘家恩、放利偷合。成於元朝的《唐才子傳》，照抄《新唐書》「詭薄無行、忘家恩、放利偷合」句。史書傳記宛如蓋上御璽，後人無不引述，李商隱的「歷史形象」確定，是個品行有嚴重瑕疵、背叛恩人、鑽營取利、素行不良的投機分子。總之，是我最討厭的一種人。

是以，清朝國寶級大學者、四庫全書總編纂紀昀（曉嵐）以具有毀滅性的羞辱語言評斷他的詩便不足為奇，摘其評論如下：「頭巾氣（迂腐的脾氣）」、「刻薄尖酸」、「褊躁人（度量狹小、性情急躁之人）」、「下劣詩魔」、「突兀無腦」、「拙鄙之甚」、「詩格卑卑」、「庸俗殆不可耐」、「不雅，猥褻太甚」、「俗不可醫」、「卑俗之至」、「瑣屑卑靡」、「太無骨格」、「鄙俚不文」、「捏湊無理」……如此毒舌之評只有累世宿敵寫得出。即使今人之評，也屢見「是非觀有問題」、「人格與詩品之足以令人遺憾處」、「心靈扭曲」、「人格分裂」、「腳踏兩條船」、「政治上誤判」等。若發生在今日文壇，沒有一個「活著的作家」看到作品被「學術霸凌」到這種地步能不吐血、不持械登門理論。這些評語於我如醍醐灌頂，一代大師猶遭此毒舌，我輩在文學國度舞文弄墨只能算堆小雪人把戲，若被學術語言醃成酸菜豆腐乳，即使笑不出來也不必咬牙切齒。當然，大部分作家受到的待遇都是客氣的，因為，沒那個資格被圍毆。

實言之，這些惡評亂我心緒，一度想罷讀。然而，基於在文字堆裡打滾的本能警覺——文字如水，載舟覆舟皆在執筆者一念間——反倒激出推敲的興趣：這人到底幹了什麼傷天害理的事被歷代學者罵成這樣？

一個人的「歷史形象」不等於「真實形象」，「真實形象」也不等於「自我理想形象」。我好奇，第一筆關於李商隱的黑材料是誰提供的？誰掌握「話語權」、運用「話語術」形塑「李商隱歷史形象」如此根深柢固，以致相隔九百多年的紀昀振振有詞：「新舊唐書班班具在」、「詭薄無行，固當時已甚之詞」彷彿與李商隱同時空見過法庭審判。而這一切，有無可能是抹黑、誤解、定案、傳播之結果？若如此，一個稍稍具有天秤能力的讀者我，能否在黑材料版本之外，「以其詩證其詩」兼「以其詩證其人」，發揮作家的同理心與讀者的正義感，以善意解讀進而勾勒詩人較為真實的形象。

然而，我不免自問，關於李商隱的研究歷代名家輩出，專書高論皆精采，他已是個有定論的人，何必有我？

或許，視角不同，看到的風景也會相異。我且自作多情地，把詩人的一生當作自己曾經歷過的某一次前世，心擺放在這個位置，便能恣意睜著同為創作者的目光，透視詩句背後浮水印，拼圖出屬於他的滾滾紅塵，進而，指認一代滄桑男子李商隱。

以你的名字呼喚你

你一生是「傷」。

活在晚唐朋黨割裂朝局的時代，後世對你的評價也似黨派一分為二。你的詩是「隱」也是「癮」，愛你、恨你皆成癮。你逝於西元八五八年，卻持續擾動千年詩壇學界唾沫；清朝出了兩個粉，「頭號黑粉」紀昀、「頭號鐵粉」張采田，兩人相差一百五十歲，為了你的詩隔空交火、生人與死人吵架[2]。

你是誰？**壯志凌霄**「永憶江湖歸白髮，欲迴天地入扁舟」的是你，**詠史諷時論政**「冤憤如相焚」、要為生民訴願至「叩頭出鮮血，滂沱污紫宸」的是你，「相見時難別亦難，東風無力百花殘」**情詩大師**是你，「想像鋪芳褥，依稀解醉羅」**豔體聖手**是你，**仕途蹭蹬自傷**「悠揚歸夢唯燈見，濩落生涯獨酒知」也是你，對令狐綯屢啟陳情望他提拔「彈冠如不問，又到掃門時」的是你，窮途末路以致卑辭求援「弱植叨華族，衰門倚外兄」更是你，你到底是誰？厭你的，毛奇齡說：「李商隱本庸下之材，其詩在半明半暗間」、紀昀說你「格卑」，愛你的讚你開闢一代詩風、西崑體祖師。若把你的五百多首詩抹除，晚唐詩壇崩蹋三分一。生前你陷入銅牆鐵壁困局時想過身後名嗎？對詩人而言，該為「今生」福祿而活或是為「後世」而作？當你所在的今生困躓難行，而「千秋萬歲名」猶如你批判過的「求仙長生」乃虛妄之念，當此際，你的偶像、長你一百歲的杜甫「飄飄何所似，天地一沙鷗」詩句彷彿是你的預言，飄泊如你，靠什麼支撐？

你是詩魔。你用文字造了絕美魔域、巉巇迷宮，讀你的詩有如勒頸之鬱悶、斷骨之刺痛。你的詩幾乎無一首無典故甚至句句轉化、濃縮古籍，堪稱文史百科全書式寫法、典籍關鍵字大全，讀來華麗詭迷卻隱匿過甚，敖陶孫（器之）所言：「如百寶流蘇、千絲鐵網，綺密瓌妍」，使後世學者成了考古小工，狀若趴在野地擒著小刷溫柔地刷出一副骨骸，略得其形，仍不知你的恩怨情仇藏在哪一根骨頭？元好問：「詩家總愛西崑好，獨恨無人作鄭箋。」一切中讀者之恨，魯迅也讀到燒腦，抱怨：「玉谿生清詞麗句，何敢比肩，而用典太多，則為我所不滿。」魯迅那張臉天生自帶不滿，讓他讀到不滿，表情一定驚悚。

你留下一團謎霧。你寫作有個習慣，「每屬綴，左右鱗次，稱『獺祭魚』」獺將所捕的魚一條條排在岸邊如陳列祭品，你下筆前翻書查典故的樣子也像一隻獺，汪增寧所言：「天才博奧，獺祭功深，前人謂其詩無一字無來歷。」我大膽猜測你有亞斯伯格症特質，天才橫溢、精於鑽研、過目不忘，腦中自備搜尋引擎。你自言創作心法：「良辰多自感，作者豈皆然」[3]外在景物與內在生命經驗共振，「熟寢初同鶴，含嘶欲並蟬」創作時冥思如熟睡之鶴、苦吟似悲嘶之蟬，「得處定應偏」有所得之處更要追求獨特專精之技，以達到「星勢寒垂地，河聲曉上天」之恢弘氣象。天才加上努力，務求精深極致遂形成閱讀的極限挑戰；你所裁切、引用的典故指向一個約定俗成的解釋，你設題鋪寫的事件指向另一種可能，而在典故、事件底下隱藏你的真實感受，三者錯綜，隱喻、明喻交纏，更在字句縫隙間，奇特地預留一種可塑性與延展性，讓後代學者、評家可以按其意識形態給出另一個詮解。亂中添亂。若有「詮釋旋轉門」理論，用在你身上恰好。光是二十六歲寫的〈行次西郊作一百韻〉，算了算，動用十多個歷代學者注釋、箋評才能解。

你的詩太難懂。在我眼中，寫〈桃花源記並詩〉的陶淵明是「造夢土的人」，而你是前無古人後無來者的「造謎大師」。

讀歷代學者解你的詩，有時接近觀星盤說命理；譬如〈藥轉〉，到底寫服丹藥藥效發作、寫如廁、寫私產（墮胎）、寫官僚腐敗生活，評家見解不一，出於你自身經驗還是耳聞貴家閨人祕辛也各有猜測。這種詩偏離正大光明詩教之道，當然得「媟嫚、穢瀆、輕薄」之評。從女冠、幕府後房、歌妓相關詩作，學者拼湊出你的羅曼史、戀愛帳本，風流標籤貼在你身上自此千古不滅，你談過的、沒談過的戀愛總之都算在你頭上，我從未讀過哪朝哪代詩人像你一樣被「外掛」那麼多緋色情節。你四十歲盛年喪妻後，柳老闆（東川節度使柳仲郢）見你鬱悶無歡，欲贈你一名美若天仙的樂妓張小姐，你堅辭不受，呈給柳老闆的信〈上河東公啟〉自言：「至於南國妖姬、叢臺妙妓，雖有涉於篇什，實不接於風流。」一簡言之，風流只在筆墨裡，一身自有分寸。你的自剖我願意相信（除非你是說謊慣犯，但看來不像），意念在電光火石中馳騁、情思於千古一瞬間噴發，那是想像創造的幻象世界、作者的神祕變身，與身在其間的現實界既分存又同在。對創作者而言，想像世界浪漫綺豔，生活中潔身自愛是可能的，陶淵明〈閑情賦〉可作旁證；務農的陶大師，寫對某位創造出來或有所本的美人一往情深、發出十願（願在衣而為領、願在裳而為帶……），寫得天雷勾動地火，然沒人說他行為不檢，大家相信他一大早是去菜園不是去獵豔。你「實不接於風流」自白，卻有評家疑心病發作，說你後來納了張小姐，根據的就是你的詩句「潘岳無妻客為愁，新人來坐舊妝樓」[4]，「新人」指當年新婚娶王小姐還是喪妻再婚，各憑學者心證。

這種態勢令我驚覺，有一種「經歷」超越當事者自白，應讀者、評家需要而外掛上去才能符合戲劇想像及論述所需。如果一個人的人生經歷屬定點經營如陶淵明，只在幾塊田間轉溜一喊就看到人影，不易旁生枝椏，而你一生起伏跌宕太大，愈坎坷愈有「戲劇體質」，詩又寫得時空跳躍、意向朦朧，把學者搞成偏執狂、強迫症，解謎者被附身變成偶像劇編導，到後來連子女也多出來：你寫的〈祭小侄女寄寄文〉中有一句「況吾別娶以來，嗣緒未立。猶子（侄子侄女）之誼，倍切他人。」別娶，若不是誤抄或是代稱至他處娶妻，依字面有「再娶」意，於是又多出一條風流韻事，說你之前有過一次短暫婚姻（一說喪偶），而寄寄不是侄女其實是你的女兒，其母可能是〈燕臺四首〉的女主角、或是〈柳枝〉詩中的柳枝小姐，生下後交付他人代養云云。到底是不是你生的？讀你的詩讀到想驗DNA，也是一惱。

然而，關於你的猜測、猜疑、猜忌都不是真的嗎？在無直接證據下，我寧願秉持善意從詩中去感應你的個性與人格特質，這將決定你是什麼樣的人。背恩、褊躁、刻薄尖酸、放利偷合、傲慢無行、逢場獵豔、風流薄倖，比較容易在紈袴子弟、政客、叛亂分子、幫派老大、奸商身上出現。年紀輕輕視力不佳有糖尿病、一輩子寫求職信、寫詩到磨破手皮的人，據我所識，沒人有這種殺千刀的本事。稱你「下劣詩魔」的那個大學者只說對兩個字，「詩魔」你用得上，至於「下劣」，此二字甚珍貴，還給他自用吧。

天才與童工一身

關於你的生年，有八一一、八一二、八一三，三個版本，姑且依照你的「超級鐵桿粉」張采田推測，選擇唐憲宗元和七年（八一二年）。

你從小隨父親遠仕在外，日子還算安穩。十歲那年，命運之神找到你。我想像，那是個秋風苦雨天氣，你與母親、姊弟扶著父親靈柩自浙江啟程，西行欲返回故鄉鄭州滎陽。你手上的引魂幡被雨打濕，幡上墨跡化成黑水，滴在草鞋上。秋霜已降，飢寒適度地取代喪父的哀傷情緒，你的目光掠過無邊平野，荒草掩過田疇，此刻與遠處雜樹林都被陰暗的雨霧籠罩。旅途顛跛，讓你心神渙散不知此身何在，你遂細膩地體會冰冷如何一寸寸占據身體，暫時忘記父親臨終前叮囑你身為長子的責任——那當下，你與父親年齡互換，他變成十歲、你是壯年。你的名字標記隱於商山的四皓（四位白髮智者），自父親逝去那一刻，內心鼓起從未出現的雄心，當深陷哀慟如將溺之人時，那股雄心彷彿拍動雙翼的大鵬將你高高地救起，懸在空中；四皓最終被請出山林輔佐帝室，建立功業成為傳奇，這是父親命名所本，然而「四皓」是否也寓意曾祖、祖、父及你四代的功名之夢呢？你鬆開緊握的幡，才發現墨汁染黑你那比同齡稍小的十歲男童的手。

你家三代孤貧，曾祖二十九歲早逝、祖父早逝、現在連父親也早逝（此時的你當然不知道將來你也會在壯年而逝，讓兒子成為祖上連續發生幼年失去父蔭的第四代）。回到家鄉，「四海無可歸之地，九族無可倚之親」，葬了父親後，「生人窮困，聞見所無」，一門孤寡貧戶，你是長子必須撐起門庭，當書香門第同齡孩子在塾師指導下誦經學文為將來求取功名做準備時，迫於生計你變成童工，「傭書販舂」做抄錄文書、販賣穀糧的雜役以養家。

你開蒙甚早，「五歲讀經史，七歲弄筆硯」，寫得一手漂亮的字且才華早現，僱傭你的人很快看出你這孩子資稟優異。隱居滎陽的一位從叔處士李先生發現你的那天是你生命中難得的好天氣，此後數年，打工之餘你與弟弟跟著他讀書，他「親授經典，教為文章」。中國古典詩壇應該向這位李先生道聲謝，他一生不從祿仕甘於隱居，卻教出兩個進士。更關鍵是，如果不是他將你從雜役堆裡拉出來，何來晚唐天空一顆恆星。

你最早的詩寫於何時不可考，有一首〈無題〉專家認為是早年作品：「八歲偷照鏡，長眉已能畫。十歲去踏青，芙蓉作裙衩。十二學彈箏，銀甲不曾卸。十四藏六親，懸知猶未嫁。十五泣春風，背面鞦韆下。」

以早慧少女持續精進，卻未能覓得歸宿來託喻自己甚明。我從這首詩讀到兩個訊息：其一，早年作品清朗易懂，尚未炫技典故、偶儷成風。其二，詩中點八、十、十二、十四歲最後結於十五，猜測寫於十五歲時。如果我的猜測有理，「十五泣春風，背面鞦韆下」透露出的渴望強度就很驚人，這首詩是十五歲少年向外投遞的一張名片。商隱四皓是四代求仕之夢繫於一身，則你自年少起背負的壓力之重，足以解釋後來在政治上應對進退的選擇。你一定讀過左思詩句「鉛刀貴一割」，鉛製之刀猶冀望用世，更何況不世出的寶劍豈能沉埋而朽。求取功名是士子最重要的一條路，你懷抱野心尋找機會，自言十六歲寫出〈才論〉、〈聖論〉聞名於公卿賢達間，你早就讓自己站在起跑線準備高飛，只欠東風。

東風來了。十八歲那年，從叔李處士過世，你遇見生命中第二個貴人，令狐楚。

從他之後對待你的方式，我猜想時任天平軍節度使的令狐楚讀到你的文章時驚為天人，一刻不能等，命人把你找來——更戲劇性的推測是，趁某次公務行程之便，他輕車簡從跑到你家，像當年韓愈、皇甫湜賞愛李賀的詩連袂拜訪一樣；二十歲的詩鬼見到「東京才子文章公」，感動得寫下「死草生華風」句——令狐楚見你相貌堂堂、談吐不凡，評事析理別有洞見，心中讚嘆你的稟賦勝過他的兩個兒子令狐緒、令狐綯，是棟梁之才。他太欣賞你，聘你在幕府任職，留你在身邊與兒子同遊共學，不僅資助生活，甚至親自教你今體文（四六）及章奏之學，傾囊以授，為將來仕進儲備。

誰都看明白，在他眼裡你是明日之星，是他手把手教出來的儲備幹部，成天掛在嘴邊除了義山（你的字）還是義山。你寫過〈謝書〉一詩感謝令狐楚教導，雖然被紀昀評為「應酬中之至下者」，我讀來卻別有觸動，詩中有句：「自蒙半夜傳衣後，不羨王祥得佩刀」，「半夜傳衣」用五祖傳衣缽予六祖事，你對他感恩得刻骨銘心。八年之後也就是你考中進士那年（八三七年）歲末，令狐楚臨終前急召你至榻前，代擬遺表且逝後由你撰墓銘。他是何等人物，如此大事竟交託給一個二十六歲年輕人。我揣摩他對你的情分何止視為接班人亦是心靈後裔近乎父子了。

然而，對出身寒微、天才橫溢的年輕人而言，得大人物賞識寵愛豈是好事。我們對人性了解得愈多，愈知道跟「寵」這個字如影隨形的必是「妒」。我年輕時不解，某人沒做什麼為何得此對待，後來心思拌了粗糠土屑，了解什麼叫作「你的存在就是一種威脅」；「妒」是精神上的蕁麻疹無藥可醫，惡化後變成「恨」。愛比恨偉大，人盡皆知，但恨根本不想跟愛比偉大，他比的是頑強。出身名門的人看你終究是個破落戶小子只配給他們提鞋，承認你詩寫得還可以的覺得你該回去開米店跑來跟他們搶光彩做什麼。盛唐，也許好人比較多，但晚唐可不一定，如果明君賢臣、正義之士、謙謙君子蔚為主流，好好一個帝國怎會被冠上「晚」字。帝國已晚，魑魅魍魎嘻然夜遊，「妒」，理所當然。

你對「妒」這個字一定深有體會。我在你的詩中至少讀到五個「妒」字，除了〈獨居有懷〉「柔情終不遠，遙妒已先深」、〈海客〉「只應不憚牽牛妒，聊用支機石贈君」跟令狐綯相關，〈壬申七夕〉「成都過卜肆，曾妒識靈槎」跟妻子相關，另外兩個「妒」字讓我印象深刻。

一是〈春游〉：「橋峻班騅疾，川長白鳥高。煙輕唯潤柳，風濫欲吹桃。徙倚三層閣，摩娑七寶刀。庾郎年最少，青草妒春袍。」

駿馬奔馳、白鳥高飛，一下筆就是壯闊大景，天地任我遨遊啊。煙潤柳色、風吹桃姿，春光爛漫灑遍我身，胸懷大志的少年庾郎，身倚三層閣、手摩七寶刀，奮發昂揚，連青草都要嫉妒那一身閃閃發亮的春袍。這一個「妒」字用得高妙，把嫉妒本義轉化為天地萬物共同見證一個蓄勢待發的年輕人，春袍喻官服，前程似錦可期。這必是年輕時手筆，一股不可擋的青春能量奔流著，幾乎可以看見你高歌前進的樣子。

然而世事總是證明，一個天才型的年輕人有這樣飽滿的情緒昂揚的氣勢，必不自覺面露得意、侃侃而談甚至旁若無人，這就糟了，「妒」字著床。另一首〈和孫朴韋蟾孔雀詠〉，寫孔雀之名貴豔麗，詩末「妒好休誇舞，經寒且少啼。紅樓三十級，穩穩上丹梯。」諸家所解略同，詠孔雀兼自寓，休誇舞且少啼，何故？妒之者眾也。這個「妒」字用得膽戰心驚。顯見，詩成於壯年後期。

每年春草綠遍，「青袍似草年年定，白髮如絲日日新」，那個大聲喊出連春草都要嫉妒我的衣袍顏色的少年李商隱，終究，必須走進吃人不吐骨頭的狂風暴雨中。

你經歷的六個皇帝

經過五年四次應試（其中一年生病），你終於考上進士，二十六歲金榜題名，福禍相倚，悲劇性一生開始啟動。

相較於年輕時就詩讀詩，現在的我特別好奇政治。一個作家的養成，才氣、性格、學習是種子，家庭提供萌芽之可能性，機遇是氣候，時代與政治是土壤。逢氣候乾燥土壤貧瘠，若不是凋萎便是長成沙漠玫瑰。

你在世四十七年，經歷「憲、穆、敬、文、武、宣」六宗。讀史才知道，這是晚唐之所以叫晚唐、帝國覆亡前必須接棒式以腐敗推展的精采史段。這六位皇帝「在位時間」依序是：十五、四、三、十四、六、十三，死時年齡依序是：四十三、三十、十九、三十一、三十三、五十，這兩組像大樂透數字給人一個粗淺印象：汰換快、年紀偏輕。不僅如此，唐朝國祚二八九年二十一帝，有五位皇帝服丹藥而亡，此期間占了四位。有三位皇帝死於宦官之手，此期間占了兩位。這是什麼情況？皇帝都在幹什麼？光憑這兩點，足以拍一齣宮廷腐敗大戲。

簡單地說，跟你同年齡層的「敬、文、武」三宗是兄弟關係，非政變是兄終弟及，已不尋常。其中，敬宗十六歲即位（等於我們這時代臉上還在冒青春痘的高二學生），這個不良青少年壓根就是個屁孩（直接罵沒關係，不必怕有人投訴），如果他生在現代，表現出來的會是喜歡打球、打獵、打電玩、動手刨木頭作木工，說不定還能去比賽得幾張獎狀。叫他當皇帝，完全無法「適性揚才」，他淫樂無度，造二十艘競渡船、大興土木建宮殿，把皇宮搞得像大型工地蓋娛樂城、迪士尼樂園，十九歲約是大學新鮮人年紀就玩到頂上尖尖，連宦官都看不下去，一刀給殺了。你早年寫的兩首詩，〈富平少侯〉有句：「七國三邊未到憂，十三身襲富平侯」、〈陳後宮〉有句：「從臣皆半醉，天子正無愁」，託古諷今，諷的就是這個大你三歲、玩嗨了的青少年皇帝。同樣姓李，你在碾米廠打工、替人抄書之時，含著金湯匙出生的李湛開始發展宮廷娛樂業，怎不嘔人！

敬宗之後的文宗十九歲即位，在位期間發生有名的「甘露之變」（八三五年），宦官屠殺朝臣、血洗朝廷。受此牽連者族滅十多家、死數百人。文宗哀嘆受制於家奴，怎能不得嚴重的憂鬱症，果然三十一歲抑鬱重病而亡。

在他之後的武宗二十七歲即位，才當六年皇帝便因丹藥中毒一命嗚呼。服藥為求長生，結果速死。

繼位的宣宗是前三宗的叔叔，出了名的愚鈍癡傻，宦官特別選這個傻瓜當皇帝以便控制，沒想到不只跌破眼鏡還掉了眼珠，這人天生是個演員，從小裝傻自保，演技堪稱「影帝」等級，即位後立刻恢復聰明，結束牛李黨爭，是隱藏版賢君。但沒撐多久也頗好長生之術，死於丹藥。前朝皇帝服藥身亡例證斑斑，後繼者繼續服食，我猜測原因有二：一，這幾個皇帝資質平庸，有藥癮基因；二，宦官蓄意「餵藥」，讓皇帝速速去黃泉以便掌控皇權。

你雖曾學仙求道，但對帝王求長生術深惡痛絕，經過憲宗陵墓的〈過景陵〉詩有句：「俱是蒼生留不得，鼎湖何異魏西陵。」同是肉體凡胎留不得，相傳黃帝升天處的鼎湖與曹操墓有何不同。知名的〈賈生〉詩有句：「可憐夜半虛前席，不問蒼生問鬼神。」多少讀書人、知識分子測風向揣摩上意，自閹三寸舌，你直筆批判，終究會成為孤雁。

總結你活著期間的政壇實況，逆宦掌權、藩鎮割據、牛李朋黨傾軋四十年之久、外患擾邊、內亂燎原，皇帝不是藥物中毒就是被宦官宰了，陳寅恪稱為「豪華監獄」圖像鮮明，劇情之驚悚可拍 Netflix 宮廷版《魷魚遊戲》。這是個超級大亂世，亂世中你這個貧戶出身一無所有的年輕人想要出人頭地展現抱負，注定必須踩著刀鋒前進一身血跡斑斑，注定會被暗黑勢力吞噬，屍骨無存。

被抹黑的人

依照專家爬梳，你在八三七、八三八、八三九、八四〇這四年發生的大事有：

考中進士（喜事一），恩公令狐楚過世（悲事一），考上超級難考的吏部「博學宏詞科」（喜事二），吏部將錄取名單呈給中書省時卻被一位中書長者以「此人不堪」為由刷掉（怒事一），任職「祕書省校書郎」（喜事三），沒多久被降調「弘農尉」（怒事二），認識政治傾向親李黨的涇原節度使王茂元，進入其幕府任職（爭議事一），娶其女（喜事四、爭議事二），任弘農尉時不執行一件重罰窮民入獄案（「活獄事件」）槓上陝虢觀察使孫簡一怒之下告假不幹了（怒事三）。

四年驚濤，決定了你這一生不可逆的駭浪。

1 被除名

除了八三七年考中進士、八三八年錄取「博學宏詞科」被拔掉的時間確定，其他事件發生的時間序，專家意見不一，存在不少懸疑空隙。這些次序非常重要，影響對你行為的理解、人品評價及對詩的詮釋，由於欠缺直接證據，學者各憑偵探本事旁敲側擊，有的朝「詭薄無行、忘家恩、放利偷合」方向捏塑你的形象，有的相反如朱鶴齡：「義山蓋負才傲兀，抑塞於鈎黨之禍，而傳所云『放利偷合』、『詭薄無行』者，非其實也。」兩派意見截然不同，遂成懸案。

在你的時代，讀書人考科舉是唯一出路，那種考法等同玩命，我們的年輕人飆車炫技，你們飆考試炫學。且不說小考大考層層關卡，光說進士這一關，依據賴瑞和《唐代基層文官》引王勛成考證，考上進士只是取得入仕資格而已，尚需「守選」等待約三年方能派官，但如果又考上制舉或博學宏詞、書判拔萃等科目選則不受此限，可以很快派官。

你是個資優生，太會考試了。中進士後，次年又考中博學宏詞科，連續題名金榜，戰績驚人。需知，這種考試需頂尖中的頂尖、菁英中的菁英才考得上；文啟八代之衰的韓愈，當年考上進士後連考三次博學宏詞都落榜，氣得寫信給宰相，宰相肚裡可撐船當然是假的，即使是真的也沒空理韓某人這種小舢舨，讓他有受辱感，留下陰影。你一考就中可謂一鳴驚人，若在今日，這絕對會上報紙頭版、電視臺記者採訪。沒料到錄取名單送到中書省，卻被某位大老以「此人不堪」為由，硬把你的名字刪除。

學者開始眾聲喧譁，何謂「此人不堪」？長者是誰？為何要考博學宏詞？

有兩派看法。一派認為八三七年春天，你考上進士後復通過吏部關試取得任官資格，同年被派到「祕書省」擔任「校書郎」[5]。在「校書郎」任內工作不敬業、陷入熱戀影響公務（指愛上涇原節度使王茂元的女兒）、寫豔色情詩社會觀感不佳（〈燕臺〉四首、〈柳枝〉

五首已發表）、捲入朋黨之爭。「此人不堪」指的是以上行為疏失。此派說法有個小疑點，如果你中進士同年幸運且快速地搭上特快車進入士子心中清官美職的祕書省校書郎，為何短短幾個月後的次年春天，還需要去考博學宏詞科？若硬要替此派補強也是可以，你已在「校書郎」任上，但基於炫學或期許能獲得特例拔擢，再去考博學宏詞。

另一派看法，因「守選」規定，考中進士後尚未獲得授官，因此再考博學宏詞以期快速獲派。錄取被除名後，你轉向李黨進王茂元幕府工作，娶其女，直到八三九年才獲授校書郎一職，但很快被降調弘農尉。

以上兩派，各自舉證互有堅持，懸而未決。但都確認，被除名是事實。

「此人不堪」是什麼意思？

一個權柄在手的高層，只憑四個字活生生拔掉一個苦讀出頭年輕人的機會，除非此人罪證確鑿，否則這就是抹黑，這就是封殺。而後代學者評述此事，遣詞之中令我覺得站在中書長者這邊，先行假設李商隱這個年輕人罪有應得。

實言之，一個二十六、七歲，官字還摸不到頂上一點的年輕人，能幹出什麼通敵叛國、毀壞官箴、賣友求榮、殺人父母、奪人之妻的穢行劣跡撐得起「不堪」二字？我認為，這位政壇大老才是「不堪」（可惜未留下資料，後代學者無法「肉搜」他），他就是要拿鎚子把你鎚到地底去叫你不得翻身（這種被硬壓的故事在政壇、職場上聽到耳朵都長繭了）。「不堪」指的是，「李商隱這個人，不能讓他出頭」。

我直覺判斷，跟你寫的政治詩有關。

2 一枝鋒刃般的筆

如果廣義地把你寫的詠史、諷時、論政詩歸入**政治詩**領域，則能看出年輕時的你何等熱衷政治、關切治亂，那股鍥而不捨的勁道是我當中文系不用功學生時沒發現的，以致長期誤認你只是忙著談戀愛的情詩大師而已，真是錯得離譜，你的政治詩絕對是作品的大動脈。我應該向你懺悔，面壁思過。

認真讀你寫的長詩〈行次西郊作一百韻〉，嚇出一身冷汗。

八三七年春天你考上進士，年底令狐楚老先生病危，你自長安奔赴興元使府送終，回程見百姓塗炭實況，憤然而作。

這首詩太重要，一則看出學步杜甫〈北征〉之履痕，編製卻更龐大，二來幫助我掌握那個「欲迴天地」拯黎民百姓於水火中的你何等激烈。

你以史詩視野回顧唐王朝歷史，既縱向剖析歷任治亂，且橫向列舉政治、經濟、軍事、民生之弊。所用詩句大都屬強烈等級，絕不婉轉留情面，譬如：「忤者死跟屨，附之昇頂巔」、「巍巍政事堂，宰相厭（飽足）八珍。敢問下執事，今誰掌其權。瘡疽幾十載，不敢抉其根」、「又聞理與亂，繫人不繫天」、「使典作尚書，廝養為將軍」……如此慷慨激烈、如此直言不諱，非常凶悍。之前所寫〈有感〉、〈重有感〉批判甘露事變已見義正詞嚴，至此詩火力全開，貌似擒筆開戰，昏君佞臣叛將腐儒全在批判之列。當此際，甘露之變（八三五年）才發生兩年多，驚魂未定，牛、李兩黨之爭暗濤洶湧，朝局不穩。你雖考上進士，尚有更重要的關卡要過，還在受制於人階段；再怎樣的庸臣，他們手上有權力可以決定你的前途，光憑這點，就必須忍。

而你實在欠缺政治敏感度與心機，無論從大環境看或是考量個人政治前途，〈行次西郊作一百韻〉都是一首高風險的詩。當我是一千多年後的讀者，讀此詩無比驚嘆，若我是八三八年一個老謀深算、躲過政壇腥風血雨的大老（能在亂世政壇活下來的人都是怪物，有快狠準本事，雖然外表慈祥），讀此詩，必然讀得膽顫心驚，暗記：「這個恃才傲物、目中無人的李商隱，絕對不能讓他出頭！」

在牛李兩黨中，你受恩於令狐楚而令狐家族屬牛黨，姑且不說李黨人如何看你，即使牛黨這邊是否視你為胳臂彎裡的自己人亦未可知，別忘了「妒」這個字不分黨派，況且賞愛你的令狐老先生剛死，庇蔭已倒；須知，搞革命要找能赴死的烈士，鞏固權力與利益需要能效忠的黨員與打手，你太驕傲太銳利太難馴（朱鶴齡說你「負才傲兀」一語中的），哪一個握權的人不會提防這樣的年輕人？哪一個攬才結黨的人敢收納這枝鋒刃般的筆？你這樣砲打中央的性格，放在任何時代任何政黨都會讓人害怕。枉費名字有個「隱」字，何以你不懂在亂世中需韜光養晦、厚積薄發以求自保。我若是那位權力結構下的「不堪」大老，也會把你擋得死死地。

學者認為，這件事使你盛怒，對牛黨失望轉而往李黨傾斜以圖仕進，入親李黨的涇原節度使王茂元幕府，他極欣賞你，把女兒嫁給你。你的選擇坐實史書所載「背家恩」、「放利偷合」、「詭薄無行」指控，從此牛、李兩黨一起封殺你。即使對你所經歷事件之順序有不同意見，你遭「除名」後不久從親牛黨轉向親李黨是學者們的共識。這條罪狀，讓你被政壇圍毆、學術圈議論千年翻不了身，你確實應該好好交代。

諸多譏諷你牆頭草性格、鄙視你攀附權貴婚姻、攻擊你毫無黨性的罵聲中，對我這個非學者的讀者而言，你的「政黨意識」（或傾向）如何、是否把「婚姻」當作攀附他黨權貴圖謀政治前途的工具，事關至要，這將決定我如何評斷你。

3 政黨意識

不得不承認，你的行為考驗學者們對「政黨意識」與「政治信仰」的看法。潛規則是，讀書人應該效忠所選擇的黨，照單全收、忠貞不二，若有違背，那條揮打叛徒的鞭子即刻伺候。

你活在朋黨傾軋、勢如水火的時代。或許，歷代讀者中最能立即理解惡質黨爭的屬現代臺灣讀者，用今之「藍綠政黨輪替」來理解唐之「牛李朋黨對決」，雖不倫不類卻有雷同之處：綠上臺藍官全退、牛上臺李官全貶，藍上臺綠官全下、李上臺牛官全逐。封建帝制、一黨專政社會裡的人不見得能理解這種集團式對抗、政治械鬥之慘烈，政黨政治、民主社會裡的選民視作日常，辨識人際間「顏色分布」就像辨識馬路紅綠燈一樣攸關安危；有些事我們見怪不怪，譬如家人餐桌上有人批評執政黨引發唇槍舌戰其他人尷尬地勸「好了啦好了啦」像唱片跳針，譬如因政治理念不合，數十年好友退出群組、斷絕往來，再見面就是瞻仰遺容那一天。經過洗禮的我們，固然不乏有人黨性堅強激進至「黨粹」（化用「民粹」）地步：一日藍黨終生深藍，一日為綠終生墨綠，燒了飄出藍的煙、化成綠的灰，捧著忠貞牌位，所有的錯都是對。但我們的社會依然有不少人崇敬能夠挺住知識分子脊梁、敵過千人諾諾的諤諤一士，也允許「政黨意識」較弱的「中間選民」或「泛泛之輩」（泛藍泛綠）存在，他們對效忠某一黨欠缺興趣，深知只要是人住的地方，黃金殿堂裡的黃金馬桶，裝的也還是糞。

有學者認為你「把自己的政治身分弄得不倫不類」，言下之意你鑽營取巧左右失據，我極不同意，這種評語人云亦云而已。

我認為你就是「政黨意識」較弱的那種人，保住讀書人的理性判斷，具從政熱忱、政治主張，但不認同朋黨之風——〈洞庭魚〉詩有句：「鬧若雨前蟻，多於秋後蠅」，以「蠅集蟻附」意象刺黨風之意明顯——實際上，你也根本沒機會摸到黨爭的邊。

學者對你的黨屬各有查考，早年入令狐家族遂被劃入牛黨，婚於王家被歸為李黨，我贊成清馮浩所說，你歷來就任親李黨幕府皆是謀求一份工作而已，「小臣文士，絕無與於輕重之數」，你是無足輕重的小咖根本進不了黨團核心。劉學鍇：「決其果否牛黨，既不能僅以其是否交結牛黨成員為主要依據，亦不得以其地位之高下為口實，而應視其是否站在牛黨立場，對李黨進行攻擊（此係派性之主要標誌），考此一時期義山詩文，絕無攻訐李黨之跡象……」他認為你主觀上不以牛黨自居且無黨同伐異之言行，故與兩黨諸人往來自然並不覺其隱伏將來背恩無行之責難。此二說中肯，佐證你是「政黨意識」較弱、無政治敏感度的人。

陳寅恪《唐代政治史述論稿》指出：「至於李商隱出自新興階級，本應始終屬於牛黨，方合當時社會階級之道德，乃忽結婚李黨之王氏，以圖仕進。不僅牛黨目以放利背恩，恐李黨亦鄙其輕薄無操。斯義山所以雖稟負絕代之才，復經出入李牛之黨，而終於錦瑟年華惘然夢覺者歟？此五十載詞人之淒涼身世固極可哀傷，而數百年社會之壓迫氣流尤為可畏者也。」雖然「乃忽結婚李黨之王氏，以圖仕進。」似乎懷疑你結婚的動機不單純，我不贊同，但「數百年社會之壓迫氣流尤為可畏」直指政治混亂、統治集團傾軋之瘡疽問題，卻是一針見血之論。

愛上一個不該愛的人

有兩個問題浮上腦海，一，如果你娶的是親牛黨家族的姑娘，仕途會坎坷嗎？二，你是因政治選擇愛情，還是因愛情選擇政治？

第一個問題易答，如果婚於牛黨集團，仕途騰達未可知，但不會留下「背家恩、放利偷合、詭薄無行」惡名。

我不禁設想，八三七年春天，你考上進士、春風得意馬蹄疾之時，曲江進士宴上，令狐家族這邊有人介紹對象給你，而你不喜（更戲劇性地想像，你得罪了人），你看上的是親李黨那邊的王茂元家女兒。連帶地可以回答第二個問題，我不認為你追求王小姐是「帶槍投靠」為了擠進李黨集團，套用徐志摩的話，感情是你的指南，衝動是你的風，對天生具有浪漫體質的人來說，「阿基里斯腱」就在愛情上：天底下沒有我不該愛的人，只有我愛不愛的人。

這，就糟了。

1 渴愛的人

你是渴愛的人，雖有才情，但在愛情路上並不順遂。

你以春夏秋冬四部曲寫愛情的〈燕臺〉四首，幽憶怨斷，焰火纏綿、斷夢殘語。讀得出你在感情上有飛蛾撲火傾向，愛上就是全部毫無保留。而且，恕我直言，你這個浪漫體質的人似乎特別容易愛上不該愛的人。

求仕與求偶一向是你的雙主題。考上進士前，在令狐綯大哥作東的餞別宴席上，你送給令狐楚女婿裴十四的詩有句：「嗟余久抱臨邛渴，便欲因君問釣磯。」[6]直白地流露豔羨之情，「臨邛渴」指患有消渴症（糖尿病）的司馬相如得卓文君夜奔相戀，「問釣磯」指姜太公在渭水垂釣遇文王，成就興周滅商大業。求仕有必定程序急不得，求偶只需展開熱烈追求。有一首標為〈無題．昨夜星辰〉（小題為作者加上，便於分辨）的詩看出你陷入熱戀，只要是標記〈無題〉的，都有故事。這首詩〈無題〉的對象應該就是王小姐。

昨夜星辰昨夜風，畫樓西畔桂堂東。身無彩鳳雙飛翼，心有靈犀一點通。
隔座送鉤春酒暖，分曹射覆蠟燈紅。嗟余聽鼓應官去，走馬蘭臺類轉蓬。

這首詩的新鮮度堪稱「產地直送」。昨晚的宴席延續到今天清晨，離開後援筆而就，這對創作者來說叫一刻都不能等，情濤漫過靈魂直接跳過醞釀階段，是對某一現實事件意猶未盡、念念不忘必須拿筆寫下的一種「陷溺狀態」，不是為了怕忘記細節，是藉著文字重返、流連、回味，甚至強化細節達到增生記憶鞏固認知的地步。如果發生在今日，散席後若女方打電話說你要不要跟我吃早餐，這位上班途中的男士應會迴車而返，打電話跟公司請病假。什麼病？非常嚴重的戀愛病。

唐朝曲江進士宴是公卿擇婿之「博覽會」，專家推斷你與王茂元在此結識。你的同年（同年考上進士之謂）韓瞻先戀上王茂元的一個女兒，說不定在好風吹送自然而然安排下，你無意間見到王家的另一個女兒，驚為天人，展開追求。我猜測，「昨夜星辰」是你們首次正式在宴席上見面，之前已通書信試探，愛的花苞隱然成形，露珠兒閃閃發光。

首聯寫外景，春夜星空下，風微微吹著，就在畫樓與桂堂之間的庭院小徑，你們「巧遇」，四目相望，對方嫣然一笑，笑得你心中一群小鹿嘭嘭亂撞，方寸大亂。頷聯「身無彩鳳雙飛翼，心有靈犀一點通」寫出強烈的驚喜之情，可說是一見鍾情、再見印心、三見便要同行的閃電級強度。頸聯寫內景，宴席上賓主同歡，分組玩酒戲助興。「隔座」是隔著一人而坐（此人真煞風景，簡直是古典詩壇最討人厭的電燈泡），你的眼睛瞄著她，她的一顰一笑揪住你的心，你們倆在遊戲間眉目傳情，更印證「心有靈犀」。你已經魂不守舍了，燈紅是為你而紅、酒暖是因你而暖，滿席笑語你的耳朵只能辨識她的音色。尾聯收於心不甘情不願的「一嘆」，「嗟余」這兩個字又出現，之前是「嗟余久抱臨邛渴」充滿豔羨，現在是

「嗟余聽鼓應官去」依依不捨，兩次自嘆都跟情感有關。良辰美宴佳會，偏偏鼓聲響起，必須去「蘭臺」（祕書省代稱）上班，你當下一定很掙扎，多想留下來繼續沉醉啊。

「走馬蘭臺類轉蓬」什麼意思？歷來注家被「轉蓬」拘泥住，解釋是你自嘆仕途不順像蓬草轉墮風塵。我不認為，「轉蓬」這麼強烈的意象是接在「聽鼓應官」之後的，你是個很愛上班的人（你可能是古典詩壇最常失業、寫最多求職信的詩人），為何此刻不想「應官」（上班），因為留戀「心有靈犀」之人。談過戀愛的都知道，被叫離情人身邊是一件痛苦的事，天亮不得不去上班，「走馬蘭臺」到了辦公室，瞅著公文卻一個字都不想碰，心裡還在回味昨夜星辰昨夜風與情人相見相談情景，提筆立刻寫詩，「類轉蓬」指的是心繫佳人、身在官署，內心奔赴往返之狀，跟現實上的官運、仕歷無關。

這首無題詩是我輩當學生時的共同記憶，在僅能靠卡片與信件傳情的年代，「身無彩鳳雙飛翼，心有靈犀一點通」應是被抄入情書最多次的詩句。基於此，我重讀十六首「無題詩」，忽然有所觸動。我觀察到，你是個不可救藥的浪漫信徒，當你將戀情化成詩作時有「組詩」傾向，如〈燕臺〉四首、〈柳枝〉五首，此次與心有靈犀佳人墜入情網，不可能只寫一首就「報告完畢，謝謝大家」了，遂察覺其中六首隱然有一條順序貫串著，且近似親歷其事的賦體，非託寓懷才不遇之比興作品。

2 六首〈無題〉情詩

第一首〈無題・昨夜星辰〉乃情之發軔。接著是〈無題・聞道閶門〉：「聞道閶門萼綠華，昔年相望抵天涯。豈知一夜秦樓客，偷看吳王苑內花。」得識佳人，詩句間盡是喜悅，甜蜜如夢。這兩首應是連作。

第三首〈無題・含情〉，心是忐忑不安的，「含情春晼晚，暫見夜闌干。樓響將登怯，簾烘欲過難。多羞釵上燕，真愧鏡中鸞。歸去橫塘曉，華星送寶鞍。」一個被愛情鞭策的男子，情絲纏繞不能自拔，春日夕陽西下（應是下班時刻），夜色漸漸降臨，騎馬來到佳人居處，徘徊門外，想要登上樓梯卻心中膽怯，遙望樓上人影穿梭，想要掀起那暖烘烘的簾子與她見面卻難於舉起腳步，羨慕她髮釵上的燕飾、鏡臺上的鸞畫能夠在她身邊。終究只在門外遠望，夜深了，經過池塘水邊天已漸曉，歸去路上只有天上的啟明星相送。一「怯」一「難」，寫出難以言說的擔驚受怕。不禁問，你在怕什麼呢？

第四首〈無題・相見時難〉：「相見時難別亦難，東風無力百花殘。春蠶到死絲方盡，蠟炬成灰淚始乾。曉鏡但愁雲鬢改，夜吟應覺月光寒。蓬山此去無多路，青鳥殷勤為探看。」有些評家解為你屢次對令狐綯陳情求援對方不理睬，有所寓意之作（真是煞風景），另有學者解為寄情男女亦寓世間君臣，再有學者雖解為情詩，然視作概括性泛論不必專指一事。可見一首不編年（無法查知寫於何時）無題詩如何解法各憑心證。

我判斷這詩可能在你擔驚受怕之後才寫，憑藉的不是學術證據，而是對感情起伏與創作狀態的理解。大抵而言，先有「感情順序」才有「創作順序」；一段戀情必得經過相識、鍾情的祕戀期，接著是追求、印心的熱戀期，進而朝向婚姻或是分手的完成期。感情發展順序牽動創作順序，「昨夜星辰」屬戀情發端期，之後必然有追求行動也顯然遭遇波折。感情裡一定有苦惱，相思之苦、分離之苦、求不得之苦，落在不同時期則苦惱的內容與強度也不同，「昨夜星辰」裡的苦惱僅是「聽鼓應官」必須上班，「相見時難」裡的苦惱比較像熱戀期欲進入完成期遇到阻力，從其強度「相見時難別亦難，東風無力百花殘」揣測，不是相隔兩地這種常見的空間阻力，而是來自更強大的、足以阻斷戀情的關鍵性力量，我推測來自女方家族及輿論壓力，亦即是牛李黨爭陰影下「相不相配」問題。

固然史載王茂元欣賞你的才華最終將女兒嫁給你，但從詩意推敲這段戀情開展之初很快受到阻撓。你的身分尷尬，你得令狐家族栽培被外界歸為牛黨誠屬自然，在撕裂性黨爭的亂世裡，即使王茂元賞愛你，周遭親李黨人士不可能沒有閒言惡語。你的忠誠度與人格首先受到無情地批判，讓我以現代社會流行的打壓手法比擬你的處境，「背家恩、放利偷合、詭薄無行」完全是牛黨名嘴、粉專社群、網軍側翼操作出來的抹黑言論。你身為箭靶人物飽受煎熬，「東風無力百花殘」直言了無生機殘局在望，戀情中的無力感會讓人絕望，接著你以「春蠶到死絲方盡，蠟炬成灰淚始乾」剖明心跡，除非死了，我的愛不會停止，其強度與樂府詩〈上邪〉：「我欲與君相知，長命無絕衰。山無陵，江水為竭，冬雷震震，夏雨雪，天地合，乃敢與君絕。」相當，是愛的誓詞、情的盟約，是願意把這條命奉上的殉情精神——這話應該是講給女方爸爸王茂元聽的。從頸聯「曉鏡但愁雲鬢改，夜吟應覺月光寒」可推斷你們情投意合說不定已私訂終身，上句寫她困情而愁容消瘦，下句寫自己長夜漫漫被相思啃噬不能成眠，吟詩更覺月光冰寒。「蓬山」寓佳人所在之處，離此不遠，無計可施，只能託付青鳥（書信）傳情續愛。然也隱藏另一層意涵，「蓬山」寓成事之境，青鳥為所託之人，寄希望於有力人士能協助你。

情詩畢竟不是職場簡報，作品之美不在發現問題提出解方而在寫出足以充盈天地的那份蝕骨苦戀，我在這首詩中讀到不尋常的痛苦，很容易用一支鉤子勾出詩中「難、難、無力、殘、死、盡、灰、乾、愁、寒」負能量字意而捕捉到一股抑鬱無助瀕臨絕望的情緒，這種情緒不是為文造情造出來的案頭戀情，乃源自實體經驗、現實挫傷，因其刻骨銘心故能永垂不朽。

痛苦持續著。第五首〈無題．來是空言〉：「來是空言去絕蹤，月斜樓上五更鐘。夢為遠別啼難喚，書被催成墨未濃。蠟照半籠金翡翠，麝熏微度繡芙蓉。劉郎已恨蓬山遠，更隔蓬山一萬重。」空言絕蹤明示戀情進入分離狀態，女方遠遷，「蓬山」這兩個字又出現，前一首才說蓬山不遠，仍懷抱一線希望，這首卻「恨蓬山遠」，且佳人要去的地方比蓬山還遠一萬倍。揪心的是，連夢中也要經歷遠別之苦怎麼喚都留不住，夢醒，悶在胸中彷彿被巨石壓住的情感不能不傾吐，要寫長長的信給遠方的她。書被催成墨未濃，可想見這癡情男子連墨都來不及磨濃，伏案奮筆疾書的樣子。

第六首〈無題．颯颯東風〉比較像從女方設想：「颯颯東風細雨來，芙蓉塘外有輕雷。金蟾齧鏁燒香入，玉虎牽絲汲井迴。賈氏窺簾韓掾少，宓妃留枕魏王才。春心莫共花爭發，一寸相思一寸灰。」借內外景物鋪排，細雨輕雷喻外在阻力，燒香汲井喻心情起伏、愛意難遣。室內熏香、院中汲井打水都是家居日常，可是在苦戀者感受裡這日常變成無止盡的煎熬，形同被鎖住宛如墜入深井。尾聯已成情詩經典名句，「春心莫共花爭發，一寸相思一寸灰」呼應了「春蠶到死絲方盡，蠟炬成灰淚始乾」，兩個「春」字、兩個「灰」字，豈是偶然。

此六首隱然自成一組，時序都在春季，且不難找到彼此相連的關鍵字與意象，詩之「情感模式」與「文字模式」相近，幾乎可以打上同一批生產履歷條碼。

3 一個被愛情俘虜的詩人

〈無題〉詩外，更直接的證據是〈寄惱韓同年二首〉，「寄惱」是把我的苦惱、苦悶寄給你，可視作你向「青鳥」求援。

你央求韓瞻為你美言。他是上天特別為你安排的「命運對照組」，你們同年考上進士，同時看上王茂元家的兩位小姐，同時展開追求，韓瞻議婚、迎娶在先，而你毫無著落。這兩首詩你自題小注：「時韓住蕭洞」，韓瞻新婚暫住在岳家（「蕭洞」化自蕭史娶秦穆公女兒弄玉的典故），你想來想去，他是最佳說客。

第一首：「簾外辛夷定已開，開時莫放豔陽迴。年華若到經風雨，便是胡僧話劫灰。」評家認為戲韓新婚享燕爾之樂，勸他珍惜青春時光免得將來有年華風雨之慨。此解法重心放在韓身上，實言之，新婚的人哪需要別人提醒他要把握。我認為重心在自己，所以才定題「寄惱」；不堆砌典故直述情懷，辛夷與心儀同音，可能暗指魚雁往返之後王小姐已接受你的情意，她的身影占據你的心房左右你的晝夜，「莫放豔陽迴」傳達出要採取積極作為，更上一層樓。我讀出一個被愛折磨的年輕人的急切與不得其門而入之苦惱，以致用了強烈的風雨摧殘、劫灰不復意象（前引無題詩一再出現「灰」，這裡不嫌多，再「灰」一次），潛藏的話是：你再不幫我促成，我會死在你面前。

第二首更直接：「龍山晴雪鳳樓霞，洞裏迷人有幾家？我為傷春心自醉，不勞君勸石榴花。」所謂洞裏迷人有幾家，言外之意，尚欠我這一家。石榴花指美酒，我為情所困都醉（等同碎）成這樣了，你不必勸我借酒消愁。

當我的意識穿過文字表面，即使隔了一千多年，依然能觸摸到詩人那顆熱戀的心，那麼澎湃、苦惱、無法掩飾，快樂時如旭日放光、無助時似墜落淵谷，這是百分之百的愛情無誤，不是世故者巧手打磨的工具性反應，更不是政治獵人精算後撒下的情網。才子多情風流並不少見，「十年一覺揚州夢」的杜牧，那本「情帳」恐怕會計師也無法申報清楚，但既是才子又能專情是珍稀，我從詩中讀到情深且專，你沒有政客的心狠手辣，只有詩人直達天聽的心跳。你的政黨意識薄弱加上天生浪漫骨架，他人眼中你為謀官投靠李黨，在我看來，你只是一個被愛情俘虜、想要愛得刻骨銘心的詩人而已。

然而，我不禁沉思，當愛情與政治碰撞，能夠全然不顧政治風險任性地愛其所愛嗎？怎能確定此愛是唯一真命天女？難道無法在解除風險的前提下找到所愛？在牛黨這邊找不到像王小姐那樣的佳人？換成他人，如何選擇？

我想起王維，他曾對陶淵明不肯折腰見督郵，罷官導致貧困甚至必須乞食表達看法，認為他「一慚之不忍」而「終身慚」。意謂，當時忍一忍咬牙彎腰也就沒事了，好官我自為之，有個保障，何必把自己與家庭帶入絕路。依其官場求生術與圓融的處世手腕，若他身處黨爭夾縫，在政治與婚姻間必有一番衡量，不會如你一般搞得兩黨共同排擠你。我拿王維老前輩手上那桿秤來秤你，「放利偷合」本領，你身上沒有。對你而言，是「放愛偷心」，愛情才是你的最高指導原則。

4 你的婚姻裡一直保有愛情

渴愛的心終於靠岸，有情人終成眷屬，這是你悲劇性一生中難得的美事。

歷代注家無人反對，你的婚姻裡一直存有愛情。

我猜測王小姐詩書琴棋皆有造詣，能與你唱和。你詩中出現樂器瑟、箏，家中就有一把彩繪錦瑟，想必是妻子帶過來的嫁妝。你的家居日子有詩有音樂，宛如仙境。從這時候起，錦瑟在你心中開始內化成為夫妻生命共同體的信物。

她不止是伴侶，即使你仕途不順、時運不濟，困在鄉間當起農夫，出身官家千金小姐、有僕傭伺候的她也一心相隨。你讚美她「荊釵布裙，高義每符於梁、孟」，能錦衣玉食也能粗茶淡飯跟著你過清樸日子，如同東漢梁鴻孟光夫婦同心同行。「高義」這兩個字讓人動容，你用在妻子身上何等莊嚴。這樣的女子給了你完整的補償，多少人婚姻裡有的只是配偶，你的婚姻裡有知己。

你曾寫道「結愛曾傷晚」，相識太遲、結愛太晚，恨不能早點認識她。從你婚後詩文看來，我更加確信當年你往李黨方向傾斜，不是因為那裡有求官捷徑、登殿雲梯，而是因為那裡有愛情。只是不巧，你的愛情被惡毒者放在政治秤盤上秤斤論兩，你們這對佳偶平白無故遭到鄙視。再說，若你真有穢行劣跡、狡猾詭詐、謊騙招搖之行事記錄，王茂元怎敢把女兒嫁給你；他豈是愚魯之輩、有眼無珠之人，據云他有六位女婿，別的不知，難道另外三位女婿韓瞻（你的同年、詩人韓偓的爸爸）、李將軍（〈送千牛李將軍赴闕五十韻〉裡的主角）、張審禮（〈戲贈張書記〉主角）也都聾了，沒打聽姓李的人品？這種污衊，對才德兼備的王小姐來說更不公平，好似她嫁給一個人格破產者，活該一起接受歷代學者批判。在你千年之後的我，豈能做一個毫無正義感的讀者，不幫你把那頂可笑的黑帽子掀掉。

當學者忙著考核你的政治與婚姻選擇以佐證「詭薄無行」指控時，我看到一條有趣的線索，猜測它促使你對與王家結姻這件事起了天注定般的認定，這條線索就是李賀。

中文系學生都讀過李賀〈秋來〉：「桐風驚心壯士苦，衰燈絡緯（紡織娘）啼寒素。誰看青簡一編書？不遣花蟲粉空蠹。思牽今夜腸應直，雨冷香魂弔書客。秋墳鬼唱鮑家詩，恨血千年土中碧。」大意是，詩人、作家嘔心瀝血著書，有誰看，誰會珍惜這「青簡一編書」不讓它成為蠹蟲食物化成粉塵，只有墳墓裡已死不滅的詩人鬼魂會來安慰我，他們在墳中依舊吟誦偉大傑作，詩人的恨血融入土中千年化成碧玉。血是物質怎會有恨的感受，是以，此血非一般的血，而是指創作者百折不撓、熱烈澎湃的創作意志，「恨」既概稱遭受現實碾壓也一轉轉為內在吶喊，指創作者的鋼鐵特質，是以「恨血」才能超越死亡而化碧永恆。此詩如熔漿衝破地表，造景造到極致，寫情寫入骨髓，無顧忌地用反差語法，用死寫不死，以瞬間喻永恆，字與字撞擊擦出意象火焰，豔色魅影、啾啾鬼嘯，讀來毛骨悚然卻又咬牙切齒地，愛恨痛快。

在詩徑上，你步履詩聖杜甫（七一二—七七〇）、詩鬼李賀（七九〇—八一六），尤其李賀對你有札根性的影響；杜甫入世沉鬱、李賀鬼域絕麗，你苗裔之，沉鬱絕麗同在。

李賀二十七歲逝時你才四歲，李賀的姊姊嫁給其摯友王參元，王參元正是你的岳父王茂元之弟。可想見，當你得知李賀與王家的姻親關係時一定是驚喜的，你十分崇拜李賀，我猜想因為這一層關係，你起了粉絲對偶像的崇拜而更加渴望這一樁婚姻。我的猜測並非空穴來風，你寫過〈李賀小傳〉（應在你婚後），證明他在你心中具有份量，作家若不是基於情感因素不會無緣無故去寫一位已遠逝的前輩，你在傳中引用李賀姊姊對李賀死時那日的記憶，可見你採訪過她做李賀口述歷史。這是很溫暖的，在詩藝上你是李賀的心靈後裔，在現實上透過姻親、訪談你與他有了親族關聯。從小傳可以讀出你的情感投射在他身上，甚至「神仙化」他的一生，更有同病相憐的情緒，「時人亦多排擯毀斥之，又豈才而奇者，帝（指天帝）獨重之，而人反不重耶？又豈人見會勝帝耶？」此語是借他人酒杯澆自己胸中塊壘，李賀與你合一。

李賀影子落在你身上，然相異甚大。你身上有纏縛、滄桑、絕望，李賀畢竟只活二十七歲，人生與詩藝來不及深擴；一個傑出作家之養成，必須經驗時間魔法，看過良田變滄海，也必須通過閱歷鞭打，鞭如雨下，把一個昂揚得意的少年郎打入煉獄地界。你比李賀多活二十年，「桐風驚心壯士苦」，多苦了二十年。彷彿〈秋來〉是他寫給你這個後輩小子的見面禮、預言詩，要你撐住，他會一路伴隨，即使你被打到地獄邊緣，詩魂與你同在。

5 愛情萬歲，婚姻無罪。政治，滾一邊去吧

婚後的你，讓我懷疑你是戀家的巨蟹座，若是活在現代，可能是言必稱「我太太說」的氣管炎（妻管嚴）患者。你一直遠宦在外，「浪跡江湖白髮新，浮雲一片是吾身」[7]，與愛

妻聚少離多，思念日深，或許是感念妻子下嫁你未過舒坦日子，讀得出詩中有一份濃情蜜意及淡淡的歉疚感，這些是否也是驅動你不放棄仕進之路的力量呢？

八四七年春天，你跟著老闆鄭亞（桂管觀察使）遠赴桂林，擔任書記工作。顯然不太適應這個「城窄山將壓，江寬地共浮」（〈桂林〉）風土特異的地方，更加想家——我判斷你不是個能融入偏荒山水、蚊蟲肆虐環境的人——你寫了〈寓目〉詩：「園桂懸心碧，池蓮飫（音玉）眼紅。此生真遠客，幾別即衰翁。小幌風煙入，高窗霧雨通。新知他日好，錦瑟伴朱櫳。」

寓目是注目、過目，意為在我眼前流過的風景。此詩的視野自高處放眼而望，園中綠色桂樹、紅色蓮花映入眼簾，勾連遠宦在外的處境，自嘆這一生怎麼像一個不斷遠遊的旅人，年華易逝青春速老，人生禁能起幾次遠別？接著看見一陣風吹動布簾，雨霧自窗外漫入，回望室內，此時意念移換——如同身遠遊在此、心也遠遊回家——以為在房裡轉身可以跟妻子說話，瞬間醒覺，意念落而不墜，轉附在當年新婚美好的記憶上（「新知他日好」），記得紅色窗邊放著妻子的錦瑟。此詩意象靈動，意念交疊，不明說思妻，家中窗邊錦瑟（指妻子）與客居窗邊的自己相疊合，繾綣至極。

另有〈端居〉、〈到秋〉兩首，形成對答之趣。〈端居〉寫自己：「遠書歸夢兩悠悠，只有空床敵素秋。階下青苔與紅樹，雨中寥落月中愁。」〈到秋〉彷彿代妻子寫給自己：「扇風淅瀝簟流離，萬里南雲滯所思。守到清秋還寂寞，葉丹苔碧閉門時。」兩詩都是房中內景，一床一簟；時序都是秋天，一素秋一清秋；景致相同，一青苔紅樹、一葉丹苔碧；情思一致，前者歸夢悠悠、後者守到寂寞。兩詩互為奇特的文字鏡面，如果不是思念已到蝕骨地步，盼著家書卻一再落空，詩人怎會用這種方式自我安慰呢？其他如〈夜意〉：「簾垂幕半捲，枕冷被仍香。」〈訪秋〉：「江皐當落日，帆席見歸風。」〈搖落〉：「結愛曾傷晚，端憂復至今。」思妻念家、歸心輾轉，更不在話下。

你在桂林不過短短一年，思妻的詩如此多首，當此時你們結婚已超過七八年，乃所謂七年之癢開始發作之時，你又野放在外，正可以放虎歸山蒐奇獵豔，哪有一個男人放著大好時機不去當野生動物竟躲在屋裡給太太寫詩，我從這些地方判斷你是個情種，但不風流。你的婚姻延續著愛情，妻子是你的歸宿，你們夫妻鶼鰈情深，實踐了「春蠶至死絲方盡，蠟炬成灰淚始乾」生命共同體的境界。

所以，自政治而言，被貼上牛黨標籤的你，愛上一個不該愛的、被貼上李黨標籤的女子。可是從愛情與婚姻來看，你愛上一個最該愛的人。我的結論是：愛情萬歲，婚姻無罪。政治，（省略穢詞三字），滾一邊去吧。

然而，我不禁回想你之前所寫「年華若到經風雨，便是胡僧話劫灰」而起了寒意，彷彿你跟李白一樣都是謫仙，在人間愈渴望的事物愈會被奪，彷彿天上有個邪惡之神偏要斷章取義你的詩句，你既然寫了風雨劫灰、絲盡淚乾，那就讓你嘗個夠吧。我從未見過像你這麼悲慘的人，你一生經歷兩次「雙殺」——命運對你的雙重打擊，其中一次，奪走你的知己、你的歸宿、你孩子的母親、你摯愛的妻。四十歲那年，你成為**唐朝詩壇最心碎的男子**，悲傷似藟包覆著你，直到死神再度來臨。

苦霧人生——你的履歷表

你有兩首詩寫到「苦霧」。

第一首〈哭遂州蕭侍郎二十四韻〉，哀悼被貶而逝的蕭澣，有句：「苦霧三辰沒，窮陰四塞黑。虎威狐更假，隼擊鳥逾喧。」濃霧遮蔽日月星辰，陰暗充塞四面八方。另一首寫於晚期四川梓幕期間，清早起床，外面漫天濃霧見不到日光，作〈初起〉：「想像咸池日欲光，五更鐘後更迴腸。三年苦霧巴江水，不為離人照屋梁。」咸池是神話中太陽沐浴之處。此時的你抑鬱寡歡，醒來面對新的一天是件痛苦事，一早情緒低落，借景自嘆。前一首寫他人作於八三七年正當年輕，後一首寫自己作於八五三年已至滄桑人生後期。創作者會儲存自己喜愛的詞句、意象不自覺地在適當時機跳出，「苦霧」意象從年輕儲存到壯年（你沒有機會過晚年），意味著這個意象第一次出現後便生出根鬚連結到內心深處，形成自我預言，終究用回自己身上。

苦霧人生是怎麼開始的？任何一個賞愛你詩進而想觀摩你的人生實境的讀者，都會在荊棘叢中掩卷而歎。若說命運給你的序章是「天才與童工一身」，那麼最艱難篇章就是「文昌星與剋星合體」。如果有人替古典文學界作家整理工作時間及履歷表長度，你一定排名前十大；十二歲開始就業當童工，上班到四十七歲死，超過三十五年，除去因母逝居家守喪，其他時間不是「待業求職中」就是「認真工作中」要不就是「失業返家中」（我想到你拉著行囊去外地幕府上班，幕府關門，又拉著行囊回家的樣子，不禁有淚）。套用「我不是在咖啡館就是在前往咖啡館的路上」廣告，你的「隱字招牌」是：「我不是在工作中就是在前往工作的路上」。如果中國文學史要票選百大「苦命社畜」，我一定投你一票。

1 六個老闆：一個恩師（令狐楚）、一個岳父（王茂元）、四個貴人（崔戎、鄭亞、盧弘止、柳仲郢）

根據劉學鍇、余恕誠《李商隱詩歌集解》（簡稱《集解》）所附年表，你不僅仕歷不順且命運多舛，原因出在老闆們忽然調職或官運不佳，受黨爭牽連被貶、猝逝，連帶地你被迫失業，使得每一段工作時間都不長，必須常常寫求職信。

歷代學者專家很少從這個角度理解你，他們批評你那些帶著求職目的、渴望對方引薦的詩，說格調不高、卑詞過甚，用一種高高在上的姿態打量你。我這個出身寒門的人讀到險險出現草莽脾氣，他們沒看到被滾燙人生燒成一級燙傷的你；盛世有盛世的細皮嫩肉，亂世有亂世的皮綻肉跳，這道理有那麼難懂嗎？活在晚唐這種混帳朝代、倒八輩子楣受黨爭波及被政治封殺、家無恆產祖無餘蔭、必須挑起養護家族責任的讀書人，惶惶恐恐，做的夢大概十個有八個會驚醒，夢到自己又失業了。任何一個在職場上打滾過、景氣低迷時被裁員的上班族，看到你的履歷：四十七歲死前做過十四個工作[8]，二話不說，先給你一個含淚大擁抱，問：「你們唐朝也有裁員潮？有沒有拿到資遣費？」

你一生跟隨過幾個賞識你、重用你的老闆，第一位是大恩師令狐楚。你十八歲進其幕府工讀前後三年，後來他調回朝廷你離開。第二位是崔戎，他與你有遠親關係，跟令狐楚一樣極度賞愛你，甚至送你去南山習業準備科考，你在他的幕府大約只有一年，原因是這麼一位憐愛你的老闆竟病死了。接著八三七年你終於考上進士，鍍上金身前途正待起飛，沒想到歲末，大恩人令狐楚竟死了。

命運的關鍵轉捩點就在接著幾年，如上文所述，除了錄取博學宏詞科被除名已知發生在八三八年春天之外，其他幾件事：釋褐（脫去粗布衣換上官服）為祕書省校書郎、調弘農尉、進王茂元涇原幕府工作、娶王小姐，發生之順序文獻證據不足，學者看法極為紛歧。此處參考《集解》排序，遭除名後至王茂元涇原幕府、任祕書省校書郎、婚、調弘農尉。不管何種順序，任校書郎、調弘農尉有連帶關係則是公認的。

第三位老闆是涇原節度使王茂元，先是老闆後成為岳父。你是個父親早逝的孤兒，一生中有兩位長輩像父親般給你溫暖，一位是栽培你的令狐楚，一位就是岳父王茂元。他對你賞識有加，你曾寫道：「往在涇川，始受殊遇……樽空花朝，燈盡夜室。忘名器於貴賤，去形跡於尊卑。語皇王致理之文，考聖哲行藏之旨。每有論次，必蒙褒稱」如此翁婿情深讓人讚嘆。一個有六位女婿、看盡官場怪現狀的老丈人，對待你如同慈父，你在當時或許不是女婿中發展得最好的，但我相信他對待你異於其他女婿，「每有論次，必蒙褒稱」充滿賞愛，想必他對你寄予厚望。

然而，你應是很早就感受輿論壓力如烏雲罩頂、仕進之路不如預想順利，初至涇原時寫的名詩〈安定城樓〉才會出現鬱悶情緒：

「迢遞高城百尺樓，綠楊枝外盡汀洲。賈生年少虛垂涕，王粲春來更遠遊。永憶江湖歸白髮，欲迴天地入扁舟。不知腐鼠成滋味，猜意鵷雛竟未休。」

就詩意的內在順序而言，首聯（1、2句）與頸聯（5、6句）一組，借大景喻壯志，頷聯（3、4句）與尾聯（7、8句）一組，遭猜忌而垂涕，不敵惡勢力被迫遠遊。此時你人在王茂元涇原幕府，來自牛黨「背家恩」的指責應該已經到處發芽、遍地開花。

我怎能不想起那首〈春游〉（見前引），不過短短數年，兩首詩的意緒情態竟成雲泥對照；那個摩挲七寶刀、興高采烈邁向前程的少年郎，如今說出垂涕、遠遊——而且一語成讖，垂涕、遠遊成為一生主題曲——甚至憤然而歎，化用《莊子．秋水》典故，喜食腐鼠的鴟梟，看到鵷雛（類近鳳凰）飛來，猜忌牠要來搶食老鼠腐肉，殊不知鵷雛這種鳥非梧桐不棲、非練食（竹實）不食、非醴泉不飲，怎會看上爛肉。被猜忌、嫉妒、打壓的滋味，乃官場、職場著名小吃，想必你都嚐過。

八三九年應是守選期限已到，授祕書省校書郎，這是你的第四份工作。

賴瑞和《唐代基層文官》引白居易詩〈常樂里閒居偶題〉：「幸逢太平代，天子好文儒。小才難大用，典校在祕書。三旬兩入省，因得養頑疏。茅屋四五間，一馬二僕夫。俸錢萬六千，月給亦有餘。」這是他三十二歲在祕書省校書郎任內寫的，待遇不錯，配房派車有管家薪水夠用，可見其歡喜滿足，真真羨慕死今之出版社編輯。如今，你也跟隨前輩腳步坐上這位置，想必這幾年悶悶不樂心情一掃而空。

校書郎工作內容負責校理典籍跟現代編輯差不多，上班地點在長安京城內是京官，一般來說士子重京官不喜外派他地當外官。這是個清官美職，文士起家之良選，非常適合你。豈料沒幾個月，木頭椅子還沒坐出光澤，不知什麼原因，竟被降調去河南的弘農縣當縣尉。奇怪，一個校書郎短短幾個月內能出什麼嚴重業務疏失？怎會有一股陰影一直纏著你，要把你趕出京城？我推測，跟寫太多政論詩惹怒有力人士、與王茂元及親李黨人士往來被視作叛骨貼上惡評標籤、遭受暗黑勢力嫉妒排擠有關。要修理一個讀書人很簡單，辱他、貶他，派他到最不喜歡的地方去做最討厭的事他就垮了。〈蜨〉（同蝶）有句：「只知防灝露，不覺逆尖風。」灝露、尖風喻暗黑勢力，你在祕書省腹背受敵，「有人」要趕你走。收到調職令收拾物品離開祕書省那天是什麼情景？想必有異樣眼光飄送，竊竊私語相隨。想必暗地裡有人撫掌大樂。

重重一跌，對才高骨傲的你而言憤恨難平，這種情緒必定影響下一份工作。弘農尉沒幹多久，你因「活獄事件」觸怒上級長官陝虢觀察使孫簡，他要處決犯人、你認為罪不該殺（你的性格裡有正義感），你一氣之下請假，這是你職涯中唯一一次任性。

〈任弘農尉獻州刺史乞假歸京〉這首詩是捕捉你性格中傲性的最好例證，詩云：

「黃昏封印點刑徒，愧負荊山入座隅。卻羨卞和雙刖足，一生無復沒階趨。」

荊山是弘農郡內名山，你初來時有一首〈荊山〉相詠：「壓河連華勢孱顏，鳥沒雲歸一望間」可見山勢奇偉。在創作之眼內，我見荊山、荊山見我，兩者合一——辛棄疾「我見青山多嫵媚，料青山見我應如是」理同——荊山山勢就是我的內在形勢，荊山千仞崇高就是我的仰天氣概。因此，「愧負荊山入座隅」的「愧」字用得重，我這個縣尉每天下班前收好印鑑、去牢房給囚犯晚點名，盡幹這種狗屁倒灶的小事，我慚愧、沒臉見荊山啊。還不止這，用卞和「和氏璧」典故，你竟寫羨慕卞和雙腳被砍，一輩子不必卑躬屈膝下盡臺階去送往迎來。這個「羨」字用得更狠，自嘲其實嘲人、自諷旨在諷人，言外之意，你有種把我的腳給砍了——此是我的過度解讀。

這是我們認識的李商隱嗎？是的，我讀到你的剛烈——生在亂世，這種快意恩仇的個性絕對惹禍。你的性格在兩種極端間擺盪，有極度浪漫陰柔的一面，也有峻直剛強、帶刀帶槍的一面。不管是哪一面，都為你帶來災難。

告假不久，適逢姚合代替孫簡之職，命你銷假還官，你雖返職，沒待多久辭去。接著，你像個短期約聘工，暫依華州刺史周墀幕也到王茂元（調職）陳許節度使幕，皆是數月不及一年。你在三十歲前的職涯步伐宛如一隻跳蛙，身心不能安頓。

2 蠻山荒徑——第一次雙喪

你一生除了受到黨爭波及，更關鍵是抽中機運下下籤。

八四二年三十一歲，你又去考科目選，大概之前考上「博學宏詞」科被除名留下陰影，這次換考「書判拔萃」科，一考就上，考場上誰能與你爭鋒，等於是保障名額，難怪遭忌，你的存在對別人而言就是威脅。考上即刻授官，終於重回祕書省，擔任「正字」職，雖然職等略遜於校書郎，人回到京城機會多，對懷有政治抱負的你可謂重新踏上起跑點，想必這幾年悶悶不樂心情一掃而空（第二次用這段話）。

無奈，陰影欺近——我不得不懷疑，你是否遭人下符咒——沒幾個月椅子還沒坐熱，母親過世，依律法必須在家守喪三年，不得不離開祕書省。

這真是上天捉弄，父親在你最需要他栽培時過世，母親在你最需要自我栽培時過世。不止於此，禍不單行，岳父王茂元也逝世，一年之內失去兩位至親辦兩場喪禮，這是你命運中出現的第一次「雙喪」。

守喪期間，居於永樂鄉間耕種（八四二—八四五）。當此際，外在局勢「雙亂」（回鶻、劉稹之亂），你家中「雙喪」，對一個有血性有抱負卻又一籌莫展的知識分子而言是精神上的夾擊。正值三十出頭熱血壯年的你，外在「現實我」受困於鄉居，內在「真實自我」怎可能彎得下腰，效陶淵明於草盛豆苗稀之中悠閒自在？連續幾首詩如同組詩，〈自喜〉、

〈春宵自遣〉、〈小園獨酌〉、〈秋日晚思〉、〈幽居冬暮〉、〈春日寄懷〉加上寄友人詩，見得出你一直處在掙扎中——你身上的繩索實在太多——才自喜鄉居清幽「陶然恃琴酒，忘卻在山家」好像真的可以重返自然，突然心緒被牽引，聽聞一位友人出仕騰達而興起「定笑幽人遠，鴻軒不可攀」之嘆。才嘆完，又聽聞另一位朋友要進臺院工作，當年一起考中的幾位同年也在臺院，詩末四句：「寂寥我對先生柳，赫奕君乘御史驄。若向南臺見鶯友，為傳垂翅度春風。」[9]流露豔羨也寄望若有好的機會莫忘在鄉下垂翅虛度春風的我。〈春日寄懷〉寫得直白：「世間榮落重逡巡，我獨丘園坐四春。縱使有花兼有月，可堪無酒又無人。青袍似草年年定，白髮如絲日日新。欲逐風波千萬里，未知何路到龍津。」世間榮枯起伏迅速，我卻獨坐丘園，困在鄉下浪費四年了。

這期間，有幾首詩感觸國難當前、關切藩鎮叛亂，送李郎中帶兵征討有句：「魚遊沸鼎知無日，鳥覆危巢豈待風」恨不能同去討伐，贈友人劉評事一詩有句：「白社幽閒君暫居，青雲器業我全疎……自探典籍忘名利，攲枕時驚落蠹魚。」[10]，身困田園心繫社稷。尤其贈劉評事這首詩，自覺前程苦茫，傳達出欣羨之情。青雲器業，怎能或忘，你根本不是當農夫的料，亦無勤耕之志，你志在青雲——淺釋是功名，深釋是功業——從你寫了多首關於回鶻叛亂、劉稹作亂之詩見出關注國事，卻被禮法所縛不能動彈，頗有英雄廢退、長才摧折之嘆。「落蠹魚」是自慨也是自惕，莫像一隻蠹魚。當然，這首詩也被苛評為追逐利祿功名之心，急迫淺薄。

我輕易捕捉到你的焦慮情緒，面對帝國內亂外患，己身前途難卜，頗似龍困淺灘底、鵬掛叢枝間，叫人寢食難安到恐慌。

然而，學者不這麼看，紀昀評此詩為「牽率應酬之作」，更有學者單一角度地批評你掛念功名場——此言真真令人錯亂，自古至今，哪一個拚科舉拚大考拚學位拚升等的讀書人不掛念「功名場」？——拿「完美聖人」形象來對比你，好似人人都應該學屈原去跳江、學陶淵明去隱居，取義偏狹。更有學者嚴厲批判你「無一句不是仕途，無一句不是利祿，迫切的心情，勢利的情緒，如何能寫出好詩。」須知，此時的你非五、六十暮年，乃正當三十壯盛、大鵬展翼之年。換算在今日，三十多歲學霸出身拿到博士學位，四處投履歷流浪求職現又被困在家，聽聞成績不如他的人覓得良職，怎能不情緒失落。

近兩年逢上經濟衰退各國都有裁員潮，更有大學畢業大軍求職無門，再也沒有比深陷此大勢的現代年輕人更能體會你的焦慮。況且，就家庭家族而言，推測此時你的女兒尚幼，兒子正在愛妻腹中孕育，家庭重擔早已落肩。加上這期間你操辦家族墓塋歸葬之事，所費不貲。「我獨丘園坐四春」、「鬢入新年白，顏無舊日丹」、「逸志忘鴻鵠」皆是急火攻心之語。年華速逝，轟轟然似有滾輪之聲從你門前過，人在永樂縣，心怎能樂？雲水升沉、幽居廢退的恐慌感，充盈此期間作品。學者議論你永樂時期作品，幾乎一面倒斥為不耐寂寞、汲汲營營於仕途，評為詩藝不精、格調不高。只差沒說，在學術長桌上，你上不了檯面。

我不是學者，不願高舉傳統「德操大旗」來解讀你的人生與詩，如果從這個角度鑑賞，會嚴重地錯過你。你的路途異常顛躓，我願意設身處地走在你的荊棘路去察看你的困境、貼近你的心情、理解你的詩歌，原因無他，同為創作者我太了解，有一種作品是捨身飼現實這頭惡虎才產出的，上頭還看得到血跡斑斑，還聞得到腥。你天生習於哀感近乎頑豔的情愫，流入坎壈身世所指向的蠻山荒徑，詩句雖因涵藏文史典籍而奇峭詭麗，流露的情感卻越來越趨向陰鬱與絕望，終於成就他人無法超越的纏縛藝術、悲愴美學。

3 夾縫中的人

服喪期滿，八四五年重回祕書省。約一年數月後，八四七年應桂管觀察使鄭亞之聘，赴廣西桂州。專家認為你應是考量待遇較高才離開祕書省，此說有理。前一年，兒子袞師出生，做父親的總想給孩子好一點的生活。你出發往天涯海角時，兒子還沒滿周歲。

出發前，有一首詩引起我的注意，〈謝往桂林至彤庭竊詠〉，彤庭指內廷。這首詩被一路罵，學者專家評為多皮相少內涵、題與詩不周延、欠莊重欠渾成，質疑你為何要寫這樣膚淺的詩。我想，我懂你。

此詩是離京前跟著鄭亞到內廷謝恩，見朝中舉行盛大壽宴及早朝景象。採白描手法，如攝影師運轉鏡頭，重點在只拍攝大場景，結語望致太平，祝禱國運昌隆。「竊詠」是私下所寫，既是私詠，卻只說所見不說所想，裡面便有曲折。或許是百般滋味一言難盡乾脆不說，用視覺代替思維，見君臣同歡的皇家氣象，於輝煌燦爛間造出夢幻一瞬，希冀國運如所見昌盛、天下如耳聞昇平。這是你自造的盛世幻象，寄望新帝上臺有新氣象。再有，宣宗上臺甫一年痛惡李德裕專權，李黨失勢正在風聲鶴唳之際，你身處其間不可能無感，這一趟彤庭謝恩，離皇室這麼近，心裡知道大約是最後一次了，遂刻意壓抑感受轉為客觀之眼，聞所聞、見所見就好，不動聲色，不著痕跡。

一個大詩人，寫什麼怎麼寫，讀者若能找到那條「心理線索」摸索之，當能感應其隱藏的心情，絕非如學者就字面解為：「一副少見多怪的模樣，做客觀的場景紀錄，這樣的詩歌，自然難以出傑作。」題外一感，讀學者專家評你的詩，很難不浮現二字：圍毆。方體會，學者選取研究對象，不全是喜愛此作家，有可能是討厭此人，故爬梳其作品，紙上駁火。

可以拿來跟這首詩參照的便是同期的〈海客〉、〈荊門西下〉，內在情緒感受，恣意吞吐而出。

〈海客〉寫出抉擇，「只應不憚牽牛妒」不畏牛黨（尤其是令狐綯）那邊怎麼批評，選擇跟隨賞識你的鄭亞入桂州。〈荊門西下〉深自感慨，寫出一個往天涯海角飄泊的人真實的心聲：

「一夕南風一葉危，荊門迴望夏雲時。」自荊門回頭看，夏日雲空之下，一陣南風吹送一葉舟。「人生豈得輕離別，天意何嘗忌嶮巇。」人生怎能輕易說別離，蒼天從來不忌諱設下險阻。「骨肉書題安絕徼，蕙蘭蹊徑失佳期。」至親家人來信叮嚀我要安於邊塞遠境，何時才能與摯愛的妻子在繁花小徑散步。「洞庭湖闊蛟龍惡，卻羨楊朱泣路歧。」遼闊的洞庭湖風波險惡，我卻羨慕楊朱能坐在歧路前哭泣。

世道艱難，楊朱坐在歧路前哭泣，東西南北，不知該選哪一條路。他還有選擇，你一葉危舟而下，沒有選擇。之前寫「卻羨卞和雙刖足」，現在「卻羨楊朱泣路歧」。兩次「卻羨」，一樣落拓。

其實，你不是沒有選擇。不禁回想「詭薄無行」之評。詭薄無行者最懂得精算，怎會落到像你一樣拉著行李箱跟著不同老闆四處外派的地步。罵你「腳踏兩條船」的人太偷懶，應該審視你最可能做出兩船行為的時間點而你有沒有跳船再來下結論。

八四六年宣宗即位後黨局翻轉，李黨下牛黨上，這是時機也是考驗，此時你三十五歲已走過坎坷路，若是變色龍屬，跪也要跪、爬也要爬回去攀附牛黨跟著升天。你沒有，仍然選擇跟隨鄭亞去遙遠的桂州工作，做這種選擇的人怎會是「詭薄無行」的政客。

這期間所寫〈酬令狐郎中見寄〉一詩，學者語多負評。

詩題「酬」字，專家一致認為令狐綯對你追隨親李黨的鄭亞去桂州有怒意，寄詩指責，你回信解釋望他諒解。劉學鍇的分析有理：

「蓋商隱之從亞，正值李黨失勢，牛黨復熾之時，自令狐觀之，此正商隱改絃易轍轉依牛黨之日，乃商隱竟追隨實為外貶之李黨骨幹鄭亞，則其死心踏地依附已敗之李黨，且無視牛黨之震怒報復亦明矣。……亦可見其內心之分裂與言行之矛盾，此實義山悲劇性格之一端。」

詩極盡用典之能事——當你處理重要或棘手的感受、事件時就有刻意堆砌典故的傾向，寫給杜悰的兩首詩可作旁證——詩的前半段譽美令狐綯（這是慣用筆法，覆函先美言對方），後半段寫桂州境況（這也是習用，抑筆寫自己處境），有句「土宜悲坎井，天怒識雷霆」意指我識見淺陋如井底之蛙，竟讓你動怒了（歸咎於自己淺陋，祈對方息怒）。「補羸貪紫桂，負氣託青萍」，清程夢星解曰：「蓋謂其相從鄭亞，貧乏使然，不過貪其資給，如紫桂之補羸而已。而此心所向，終記舊恩，依然託之氣節，有如青萍之負氣者在也。」意在不忘情誼，心志如青萍寶劍。

設身處地想，若我們必須回覆這樣一封來自高高在上、來自隨時提醒你「莫忘舊恩」的令狐綯大哥的指責信，又不想撕破臉，也只能誠實、誠懇地回覆；遠赴廣西桂幕當然是考量薪給，守喪那幾年沒收入，積蓄恐要見底，要不何必辭去祕書省正字、離開有愛妻幼女及初生兒子的家。結語「萬里懸離抱，危於訟閣鈴」，相隔萬里想到你對我不諒解，內心像衙門簷下風鈴搖晃不已，如同我們現代習慣說法「我思慮不周，造成您的困擾，心裡過意不去，寢食難安」。

在我讀來，這首詩面面俱到，心意表達堪稱完足，字面上客謙無可挑剔，骨子裡其實什麼也沒說；對方來信只是表達怒氣並未有具體的工作提議，此詩望其息怒也未曾許下諾言要辭職奔赴。總歸一句，小老弟處理老大哥的情緒，用文字做足面子給他。光從「土宜悲坎井，天怒識雷霆」就能判斷這是客謙自抑，證諸你與鄭亞的交情，來桂幕怎會是識見淺陋如井底之蛙的決定。學者要是拿此詩證你內心分裂、言行矛盾，那是太不了解文字是絕佳的按摩棒，能把發怒的人按得通體舒爽。

果然，有學者依其先入為主的定見作解，認為此詩：「言以窮故受辟於亞，欲終依綯以自振（終究想依靠令狐綯來換得較好的政經地位）。」有的評論：「意在討好令狐綯，不乏媚詞、不乏哀詞。」劉學鍇亦以「內心之分裂與言行之矛盾」評論。我不免作揖一問：依諸位高見，該怎麼回覆盛怒的大哥哥呢？痛罵一頓直接絕交嗎？讀過近六百首李商隱詩的人應該同意，他的個性裡一丁點也沒有口出惡言、與人絕交的天分（應該跟嵇康學，寫過兩封絕交信），活該痛苦的總是他。

對我而言，這詩透露兩個重要訊息，一，你信守承諾跟隨鄭亞去桂州，不因政治局勢翻轉而見利忘義，此處見品格；二，你跟令狐綯的關係中，你是動輒得咎、擔驚受怕、必須一再軟語解釋的那一方，用我們現代的話說，你是被「情緒勒索」的人。而這條繞你脖子韌性極強的繩子，千百年來，不乏有學者自動入隊，替令狐綯繼續勒索你。

鄭亞是個好老闆。我注意到有多首關於鄭亞的詩[11]，尤其那首〈自桂林奉使江陵途中感懷寄獻尚書〉非常特別，奉派出差，途中寫給老闆的六十句長詩。「投刺雖傷晚，酬恩豈在今」相逢恨晚，恩情難報。讓你有傷晚之感的，一是妻子「結識曾傷晚」一是鄭亞「投刺雖傷晚」，若與之前〈酬令狐郎中見寄〉比看，足以明鑑有情義相挺、天涯跟隨的氣節在。如果不是誠摯善待，沒有一個老闆可以指使詩人職員寫這樣一首情深意重的詩獻給他，如果不是感懷知遇之恩，沒有一個詩人會主動對老闆歌功頌德——詩人別無他物，傲骨最多，若是大刀架在脖子上必須寫，寫出來的詩，行家一看便知是故意寫的一首完美的爛詩。此詩設下「鄭亞障礙」給老闆們參考，值不值得屬下如此獻詩。要是有老闆麾下不是詩人就是作家，卻無人感念，要檢討的絕對是老闆。

此外，合理猜測政壇有一波腥風血雨將牽連到鄭亞，你事先得知憂心忡忡，才急於在出差途中寫詩寄獻，事先以詩安慰。若是如此，更加佐證你是個溫暖的人，你們之間情義論交，在顛蕩世局中彼此扶持。果然好老闆官運不濟，不久鄭亞被貶至循州（廣東惠州），桂州幕府關門了。

你未隨他到循州，應是想家過甚、不適應南方氣候風土且身體欠安；前詩提到「尚憐秦痔苦，不遣楚醪沉」鄭亞體諒你有痔瘡之苦，宴席上不讓你喝醉（你酒量很差），另一首詩〈寄成都高苗二從事〉有句：「紅蓮幕下紫梨新，命斷湘南病渴人」你有糖尿病，想吃成都的紫梨，望他們賜寄。紫梨應是水梨屬，升糖指數近芭樂、小番茄，適合糖尿病者。你未滿四十歲，身形消瘦，不知是否服藥，若有中醫師讀你的詩，定能在痔瘡糖尿病之外讀出久鬱成疾的症狀。

4 短暫的親子歡樂時光

「皇天有運我無時」[12]，皇天自有風起雲湧、因緣際會的安排，可惜當中沒有屬於我的時運。下一個工作的求職信是什麼時候寫的？我這個上班年數不長的人，想到你奔赴十多個工作不知寫了多少封求職信，充滿同情。定是因為寫太多求職詩文（尤其是寄給令狐綯的），「屢啟陳情」標籤貼在你身上，不少評家自動洗腦，解析你的詩時落入「求職恐慌症」與「令狐綯症候群」，不管什麼詩都往這兩處解，甚無趣。

你應該是個具行政長才喜歡上班的人，跟陶淵明相反，他要歸園田，你一心歸官署。當然，迫於現實也不得不應職。

自桂幕回長安，很快謀得京兆府轄下的盩厔縣尉一職，但借調到長安京兆府參軍事。想必待遇不高又遲遲不能轉正，一面上班不得不一面往外探求其他機會，甚至求到令狐綯那邊遭到拒絕；這事讓有些評家反感，質疑你為何去求他、讓他賞你閉門羹，連帶地對你輕蔑，而非輕蔑那個賞你閉門羹的人。

世間人事，無不在成敗論英雄、功名利祿成就高低的價值意識下運轉，「位高權重」者等同「德高望重」，掌握話語權與裁判權，古今中外皆然，一個仕途蹭蹬、被拒絕的人很容易成為「破窗理論」標靶人物。我不戴勢利眼鏡，看到其然更看到其所以然。你寫給范陽公盧弘止的信提到：「成名逾於一紀，旅宦過於十年，恩舊凋零，路歧淒愴……無文通（江淹）半頃之田，乏元亮（陶潛）數間之屋。隘傭蝸舍，危托燕巢……歸惟卻掃，出則卑趨……」[13]，可見處境艱困，光靠一份薪水養家，捉襟見肘。

你的心情一直處在拉扯中，八四九年尤甚。罷府回家與家人朝夕相伴是快樂的，看到四歲兒子袞師聰穎可愛更是一大安慰，寫〈驕兒詩〉，這首詩已成為千古不朽的「拜子教」名詩之一，與左思〈嬌女詩〉、杜甫〈憶幼子〉、〈遣興〉、〈宗武生日〉等齊名。此詩仿效〈嬌女詩〉但編排更大，長七十二句，文豪爸爸一旦父愛發作，也很嚇人。

首段「袞師我驕兒，美秀乃無匹。文葆未周晬，固已知六七。四歲知姓名，眼不視梨栗。交朋頗窺覷，謂是丹穴物。前朝尚器貌，流品方第一。不然神仙姿，不爾燕鶴骨。安得此相謂？欲慰衰朽質。」稱頌兒子聰慧異常，不滿周歲就會數數兒（知道六與七），四歲知道姓名。讚美兒子有神仙姿、燕鶴骨，毫不謙虛。當然惹來斜眼人瞪你，說你欠厚道，譏笑陶淵明家的兒子笨，因為「六七、梨栗」是陶爸爸〈責子詩〉罵兒子不認識六與七、只知道梨與栗的話（參前篇〈造夢土的人〉）。可見詩人要是讓後代學者看不順眼，什麼詩都可以找到欲加之罪的空隙，填入黑話。「黑」（hate）豈是現代名產，乃人性自帶的小尖刀，自古有之。

這首洋溢父愛的詩，也像左思〈嬌女詩〉具有以詩敘事的技術趣味，寫孩子活潑可愛、耍賴胡鬧，似錄影。引我注意的是，最後一段期許兒子，杜甫爸爸期許兒子「詩是吾家事」以詩書傳家，你竟要兒子不要學爸爸苦讀求科考功名，要學「穰苴司馬法，張良黃石術。

便為帝王師，不假更纖悉。」學兵法，強軍衛國。結語提到當今西北邊境党項、回紇外患頻亂，朝廷討伐、招安都無效，寄望「兒當速成大，探雛入虎窟。當為萬戶侯，勿守一經帙。」快快長大，立戰功封萬戶侯，不要只會讀書。古人言「黃金滿籝，不如一經」，你完全推翻。表面寄望兒子從武莫從文，其實繫掛自己的感慨，這樣的感慨做父母的都懂。

整首詩從驕兒起音，興高采烈，收束於立功封侯的期望，意興低迴，情緒落差頗大。可以理解何以有一股抑鬱情緒在日常中伏流，「歸惟卻掃，出則卑趨」居家無人往來，出外卑微謀生，除了工作不稱心苦思出路不得，「平生風義兼師友」尊敬的劉蕡猝逝惹你心痛，連寫四首哀悼的詩。你的坎坷不僅在仕途偃蹇更見情哀過甚，生命中總有那麼多停不了的風雨，那麼多止不住的悲傷。

下一個工作終於有著落，借調之職幹了十個月之後，獲武寧軍節度使盧弘止（一作盧弘正）之聘到徐州幕府上班，拉出行李箱，爸爸又要出遠門了。

5 飄泊者——第二次雙喪

歲末，北方颳起冬季特有的勁風，滿天飛沙，你騎馬踏上旅途，赴徐州就任。

風吹得你滿面塵土，豁出去吧，隨它愛怎麼颳就怎麼颳，騎馬構思，成〈東下三旬苦於風土馬上戲作〉：「路遶函關東復東，身騎征馬逐驚蓬。天池遼闊誰相待，日日虛乘九萬風。」誰在遼闊的天池等我，我每天快被大風吹到半空中。你標明「戲作」的詩大都在心情不錯下寫成，此處之「戲」，半是無奈半是自嘲，頗有幽默感，要不是命運坎坷，你應該也有諧趣一面。勁風之後冷氣團來襲，不久飄雪，寫〈對雪〉二首，其一有句「欲舞定隨曹植馬，有情應濕謝莊衣。」擬雪為人，繞才子而舞，情趣亦佳。

前一趟春夏間赴桂林走水路寫〈荊門西下〉，這一趟凜冬走陸路到徐州。算一算也不過兩年多，加上公務出差，你大部分時間在旅途上。重擔在肩、有病在身，住客棧吃粗食，流水的命、飛蓬的身。奔波間，公文照寫、詩照作、文集照編，勞碌命加上工作狂，幸虧有一支快筆才撐得住。由此旁敲，你工作能力高強且敬業，足堪重任，老闆們才那麼賞識你。

你雖多情善感但不花心，閒暇時，不愛花天酒地，偏好安安靜靜地尋幽訪勝；遊古蹟探名人舊宅，歸來又寫一首詩。這一年三十八，猜想過度勞心勞力的日子讓你看起來比年齡蒼老，在我們現代，這年齡還有青春火炬熊熊地燒，放膽躺平、無憂無慮的人，外貌跟二十多歲無異，你不然，滄桑是園子裡的果樹，每年收穫幾簍。別人簍子裡的果實說不定也有甜的，你的滄桑之樹只結苦果，命中注定的第二次厄運已在倒數中。

正因為預先知道命運殘酷，我讀任職徐州幕府期間寫的〈偶成轉韻七十二句贈四同舍〉及〈戲題樞言草閣三十二韻〉，竟興起「啊，時光，請為他在此停留吧」的感觸。

前詩贈四位同事，述及近年遊宦經歷，重點在感謝盧老闆聘用、喜與優秀同僚共事。特別是，提到自己「我生麄疎不足數，梁父哀吟鴝鵒舞。橫行闊視倚公憐，狂來筆力如牛弩。」自己粗疏不敢與同事們媲美，效諸葛亮唱〈梁父吟〉懷抱雄心壯志，學謝尚跳鴝鵒（八哥鳥）舞與君同樂。仗著盧老闆厚愛，橫行闊視，一旦狂起來，下筆如牛弩開弓、箭不虛發。

被現實壓了這麼多年，難得一個「狂」字自狀，彷彿見到二十六歲寫〈行次西郊作一百韻〉的李商隱重現。作家本具有多重性格潛質，創作活動裡，有開發某種性格的階段也有隱匿另種性格的時期。被隱匿部分若遇到天時地利人和，可能奔竄再現，接著主導往下的發展，就作品觀之，情感基調可能出現一掃抑鬱轉為明亮的樣貌。

回顧桂林幕府時期，想家的情識流發作，「春物豈相干，人生只強歡」、「魚亂書何託，猿哀夢易驚」，影響之下，詩的色調陰鬱、情感寡淡少歡，「高松出眾木，伴我向天涯」寫一棵高大孤挺的老松樹、「日西相對罷，休澣向天涯」休假日對著朱槿花賞一整天直到日落天邊、「天意憐幽草，人間重晚晴」小城散步見雨後夕陽餘暉照在小草上、深樹見一顆櫻桃尚在「惜堪充鳳食，痛已被鶯含」有惋惜之感[14]。一個人一條影子，在桂林山城晃悠，為了賞朱槿花由白轉紅的變化對坐一整天、看樹看到最後一顆櫻桃都看到（是一片片葉子慢動作式的賞法嗎？）美雖美，一個「寂」字。兩相對照，在徐州幕府遇到志同道合的同僚，歡聲雷動，人，活了過來。

〈戲題樞言草閣三十二韻〉更特別，「戲」字出現了，三十二韻六十四句是長詩，表示寫作時處於情緒奔放、意興陶醉的狀態。

樞言是同事也同樣姓李，「逮今兩攜手，對若床下鞵。夜歸竭石館，朝上黃金臺。」本來各住在天南地北，今日兩相攜手，像床邊兩隻鞋並列，下班一起回官舍，早上一起到公署上班。兩人年歲相近、才華相當，很談得來。這首詩寫得像小說，有人物、場景、情節，敘事流暢，情意歡快。有一段描寫非常生動，「我雖不能飲，君時醉如泥。政靜籌畫簡，退食多相攜。掃掠走馬路，整頓射雉翳。」樞言善飲你量淺，他爛醉時大概都是你扶著他一起回宿舍的。辦公室公務簡單，下班後一起吃飯、掃街（掃掠走馬路，比逛街生動）、獵雉雞。在春風吹拂的二三月，柳密鶯啼時節，一起遊春，「欹冠彈玉琴，彈作松風哀」，帽子故意戴歪歪地，於風景怡人處舉行小型音樂會與友同歡（應該也包括前詩提到的四同事），沉浸在悠揚音樂中有喜有泣，同事像家人一樣，把酒共醉。此二詩可視作「辦公室同事篇」，見出你親和易於相處的一面。

這期間，你掛念鄭亞。

很少有人這樣關心前老闆，你僅在他幕府任職一年而已，他受牽連遠貶循州，要再翻身很難。從世俗利益看，不太可能再給你什麼幫助，你為他多次寫信申辯，關心他純粹出於公理正義。你還寫了〈李衛公〉，感傷遠謫崖州（海南）的李德裕，首句「絳紗弟子音塵絕」一旦失勢，昔日繞在身邊的弟子都不見了。樹倒猢猻散乃世間常態，錦上添花是本能，雪中送炭來自勇氣與道義。自身難保的人像泥菩薩過江，重點不在泥在菩薩心腸，李黨如山崩塌，殺氣騰騰中一般人噤聲尚不及，你竟敢對失勢權臣表達關注、同情，對是對、錯是錯，不閃躲，就事論事的道德勇氣即使在今日也是珍稀的。由此可以佐證，你不是一個只問利祿不問情義的人。或許，正因為重情重義，躲在雲端的惡神才能放冷箭，讓你一直受傷。

八五一年四十歲，你迎來生命中最寒冷的春天，第二次「雙喪」發生。

春天還沒過完，賞識你的老闆盧弘止竟然猝世，任職才一年多，你又要失業了。

這個打擊來得又急又重，鬱悶心情尚待整理，第二個青天霹靂襲來，家書傳來妻子病危消息，要你速回。

你出遠門時她身體有恙，沒料到惡化迅速。你匆匆趕路，春夏之交，一身瘦骨滿面風塵的你踏進家門，只抱得妻子僵冷的遺體，來不及見最後一面說最後的話。壯年大慟，流的竟是老淚縱橫，你沒日沒夜地哭，從此眼力蒼茫。這樣的你還不夠遍體鱗傷，接著，你掛念的遠謫天涯的鄭亞也傳來死訊。這一年，「雙喪」加一，絕無僅有的「三喪」格局，你已淚乾。

妻子的彩繪錦瑟還放在窗邊，蓋布蒙上灰塵。閨房空了，瀰漫著藥味，你躺在床上像沉入滾沸的藥水之河。這是什麼感覺，連呼吸都會痛？連走路都被五馬分屍？連思考都覺得有燒紅的鐵鉗夾住腦子？閉上眼如遊冥府，父親、從叔李處士、姊姊們、令狐楚、崔戎、母親、岳父、劉蕡、盧弘止、愛妻、鄭亞，幽魂環繞床邊，想說的話積在胸中不知如何啟口。如果你摔破硯墨自此折筆，癱瘓在蝸居不言語不見人不再碰字，誰能說什麼，活著像行屍走肉不如自沉，你想過結束嗎？何以沒有選擇結束？我以父母心猜想，應是聽到八歲嬌女六歲驕兒拉著你的袖喊：「父親，父親！」

世間責任未了。難就難在，一個不想活的人，必須為兒女活下去。

你連好好療傷的餘裕都沒有，舉家哀嚎、窮蹙無路，你需要一份工作。不得不按下尊嚴「以文章干令狐綯」向他求援，他幫你補上太學博士一職，這是牛黨得勢貴為宰相的他，能給你這個親李黨窮士的最大善意。太學博士是個冷官，助益不大。沒多久，另一個賞識你的柳老闆出現，東川節度使柳仲郢，辟你為節度書記，幕府設在四川梓州，你去還是不去？

也許你不想待在傷心地長安，也許「欲迴天地入扁舟」的政治夢想熄了，你將兒女託付給親友，這一次不是南下、東向是西南行，一個人一匹馬向蜀地揚蹄，遇到的不是勁風是陰雲覆著雪泥，前塵往事湧上心頭，路上想的不是楊朱泣歧路、不是誰在天池等待，〈悼傷後赴東蜀辟至散關遇雪〉寫著：「劍外從軍遠，無家與寄衣。散關三尺雪，迴夢舊鴛機。」只想妻子，想這個「身無彩鳳雙飛翼，心有靈犀一點通」的愛侶，想她走了之後，你無家可歸。

深知身在情長在

你一生為情所困。

〈暮秋獨遊曲江〉：「荷葉生時春恨生，荷葉枯時秋恨成。深知身在情長在，悵望江頭江水聲。」把荷葉代換為世事起伏人情冷暖，就是你的寫照。

自古多情多煩憂，哪堪又逢上風狂雨驟。你一生被親情、友情、愛情、夫妻情、師情、仕情（府主、同僚）加上家國之情綑綁，有心甘情願的也有身不由己處，我從詩中讀出你的情感屬性有雙重之「重」——穠豔厚重、繾綣沉重，一旦投入便有銘印作用，有時不計後果過度認真，有時敢於吶喊誠摯動人，這樣的性格不利於在亂世存活。你曾自言：「處世鈍如鎚」[15]敏感多思能察人所不察，卻有剛烈性子添油加火，往往鋒芒太露。亂世最忌諱光芒畢露，唯唯諾諾、虛以委蛇才能長保安康。然而換個角度看，如果你成為登殿重臣，以你的個性難保不會成為皇權在握的宦官血洗的對象。這麼說來，老天極盡所能折磨你，讓你遠離皇殿屠宰場，是為千秋萬世保存一脈詩的香火。

你活在天淵般兩個世界，你的文章大都是工作公文，葉嘉瑩《美玉生煙》言：「每當我看到李商隱的《樊南文集》，就非常替李商隱悲哀，這麼好的才華，這麼好的文筆，去給那些長官寫這種無聊的文字，真是非常悲哀的事情。」鬻文為生，做一臺文字販賣機是這輩子的宿命，但你並未被宿命囚禁，詩才是記錄生命軌跡、安頓靈魂的歸宿，現實叫你心死，詩讓你復活。

1 仙籍與孤鶴（思妻）

如果沒有詩，一顆破碎的心怎麼修補，如何能在大慟中存活下來。

妻子辭世後，你寫了多首哀悼詩，最有名是〈房中曲〉：

「薔薇泣幽素，翠帶花錢小。嬌郎癡若雲，抱日西簾曉。枕是龍宮石，割得秋波色。玉簟失柔膚，但見蒙羅碧。憶得前年春，未語含悲辛。歸來已不見，錦瑟長於人。今日澗底松，明日山頭蘗。愁到天地翻，相看不相識。」

院落薔薇叢，花葉上露珠彷彿是哭泣的淚，枝條上結著小花苞，好像知道女主人遠去無心綻放。小兒年幼無知像無憂慮的雲，日頭升起仍在酣眠。床上的寶石枕頭，光亮得像妳的眼波，蓆子上已不見妳的身體，只有一條翠被蒙著。想起前年春天，妳欲言又止悲從中來。如今我回來，卻見不到妳，那把錦瑟竟比妳還長久。歲月流轉，今日山澗底的松樹可能變成明日山頂上的黃蘗，等到天地翻覆我們就能再見，怕只怕，見面也不認識了。

「愁到天地翻，相看不相識」是哀慟至極之詞，人死去不得見，已是一痛，設想死後能重逢稍有盼頭，卻醒悟即使相看也不相識，豈不是更痛。同樣妻子姓王也同遭喪妻之哀的蘇東坡，思妻之作〈江城子〉有句：「縱使相逢應不識，塵滿面，鬢如霜」化用「相看不相識」，這是獨留世間的孤鶴共同的痛吧。

此外，尚有多首作品[16]，你可能是古典詩壇中寫最多首詩懷念亡妻的，看在我們女性眼裡，做你的妻子雖然壽短卻是值得的。「憶得前年春，未語含悲辛」似有隱情；八四九年正是你借調京兆府欲另覓去處之際，猜想她的身體已有症狀（以她的年齡或許是婦癌），要你在家莫再出遠門，當時未說明原因只是悲泣，如今想來應是身體有症狀讓她心慌無助。我感覺出你對她有一份歉疚，當年追求得熱烈愛得徹底，卻無法讓她過舒適安穩日子，如果她嫁的是別人或許不必這麼辛苦，那麼她遭病劫而去、一雙兒女無母豈不是都是你的錯！更甚者，做丈夫的讓妻子在生命末段路獨自與病魔搏鬥，你更要自責了。

你每月每季每年地想，似乎在心裡開闢一間靈舍讓亡妻住著，不斷地跟她對話。

你們是苦命鴛鴦，當年不計黨爭後果愛得驚心動魄，婚後卻聚少離多。據專家推算，十多年婚姻扣除你旅宦在外，真正一起度日才八年多。你在外時常有思內之詩，料想從結婚開始你就把妻子存放在內心深處一起走天涯，彷彿肉身在家、靈體隨你，如今她殞落，若不細分今夕何夕，或許有片刻迷迷糊糊江山依舊只是你換了幕府。然而重情者之所以痛苦在於情的根鬚拂盪繚繞不能收伏，周遭事物無不伸出指頭點醒，山崩地坼的裂口就在那兒，妻子已沉埋。你早年曾在玉陽山、王屋山學仙修道，亦不乏描寫道觀仙閣之詩，你想過妻子去了哪裡嗎？你在心裡開闢讓她藏身之處，靠近冥府還是寄託在縹緲的仙界？我願意臆想，你把她藏在靈山仙境裡。

有幾首詩，讓我捕捉到你在痛苦中的情感起伏。

辦完妻子喪禮後，「孤鶴從來不得眠」（〈西亭〉），你以孤鶴自喻，形單影隻流落世間。洛陽崇讓宅是岳家，你們曾在此住過，料想妻子走後你帶兒女去了一趟洛陽，觸景傷情，〈七月二十九日崇讓宅讌作〉，詩云：

「露如微霰下前池，風過迴塘萬竹悲。浮世本來多聚散，紅蕖何事亦離披？悠揚歸夢唯燈見，濩落生涯獨酒知。豈到白頭長只爾，嵩陽松雪有心期。」

池塘邊種花栽竹，塘中紅荷朵朵，應是熟悉的庭園景致。此番前來心境幽沉，夜不能寐，才能看到清晨露珠如小冰粒落下，聽到風吹過池塘竹林悲鳴之聲，感嘆浮生已經這麼多生離死別，紅荷為何也凋零了。遊宦在外，飄忽長遠的歸鄉夢只有燈看見，漂泊輾轉，潦倒失意的生涯只有酒知道。難道人生就這樣終局嗎？嵩山南邊的松雪在等著我。

嵩陽古松新雪，透露出世意念。你曾言「自有仙才不自知」，如果沒有一雙兒女牽絆，年輕時閉關學仙的因緣會不會在紅塵劫之後再續，走回深山古剎完成「仙才」呢？

大約在接受柳老闆徵召赴蜀之際，你寫了〈宿晉昌亭聞驚禽〉，前四句：「羈緒鰥鰥夜景侵，高窗不掩見驚禽。飛來曲渚烟方合，過盡南塘樹更深。」借宿晉昌亭客館，夜深了，即將出遠門的羈旅愁緒讓你不能眠，忽然見到窗外一隻「驚禽」嘎嘎而叫，飛到曲江池又向南塘樹林深處飛去。天地若有情，一隻受驚的鳥與你相會，好似同病相憐知道你也受驚，霎那間驚禽是牠也是你。新喪之人內心是脆弱的，這隻鳥帶著只有你才能解讀的訊息，安慰著不眠的你，思緒被拓展出去彷彿隨鳥飛向遠方，詩的後四句變成：「胡馬嘶和榆塞笛，楚猿吟雜橘村砧。失群掛木知何限，遠隔天涯共此心。」遍種榆樹作為邊界的遙遠邊塞，落單馬匹的嘶叫聲和著思鄉士兵的笛音，樹間孤獨的猿吼，伴著村裡思念丈夫的婦人搗衣聲。驚飛的鳥、失群的馬、掛於林間的孤猿、征夫、思婦，到處都有失伴的故事，同我一般孤獨的處境，天涯相隔彼此同心。這首詩由自身推衍出去，感應其他生靈遭遇，是詩人心靈與天地萬物同等心跳的佐證。詩之珍貴，就在以一身證萬有的那份悲愍。由此揉開瘀血，你的痛苦稍得緩解。

七夕是傳統節慶中禮讚夫妻的日子，你一共寫了五首七夕詩，早年〈七夕偶題〉詠牛郎織女乃天上靈匹，下凡世間傳藝，兼寫家家戶戶豐盛祭拜，結語自己拙於營生。雖有自慨況味，然夫婦相守清樸度日，自享一份深情富貴，讀得出有那麼一點寒門牛郎娶得仙界才藝織女的欣悅感。

八五一（辛未）年開始，「七夕」特殊化，成為你的思妻密碼。此年寫〈辛未七夕〉：「恐是仙家好別離，故教迢遞作佳期」言仙界喜好離別，才讓迢遙相隔的兩人一年只訂一次佳期相會。次年人在東蜀梓州，寫〈壬申七夕〉，本年閏月有兩次七夕，再寫〈壬申閏秋題贈烏鵲〉，有句：「幾年始得逢秋閏，兩度填河莫告勞。」難得遇到兩次七夕，請喜鵲莫辭辛勞當為離散夫妻鋪橋相見。之後尚有一首〈七夕〉，有句：「爭將世上無期別，換得年年一度來。」怎麼做才能將世上死別換成一年一次相會，愁腸百結，問天天不語。

最特別是〈壬申七夕〉，詩云：

「已駕七香車，心心待曉霞。風輕唯響珮，日薄不嫣花。桂嫩傳香遠，榆高送影斜。成都過卜肆，曾妒識靈槎。」

這首詩注家各有說解，紀昀直接評為「了無出色……夾襍不倫」，我細細揣摩別有觸發。

詩分三大旨意，一是織女牛郎心心期待相會，寫一個「盼」字；二是風和日麗、花香樹影，寫一個「會」字；三歸結自己孤孑一人，不直說，盪出去用「成都過卜肆，曾妒識靈槎」收語，寫一個「妒」字。妒什麼？在成都經過算命攤，曾妒忌能通靈感應識得仙界靈船的人。將妻子「仙籍化」視作回歸天庭的織女，逢七夕應返回人間相會，而你不識靈槎，誤了相會。她已來過，是你不識而已。自此處設解，更能體會你每到七夕沉浸悲戚如同巴蜀濃霧化不開的心境。你愛你的妻子，到了不願放手、不想承認她已歸冥府的地步。正因為情深不可自拔，〈李夫人〉三首，讀來別有玄機。

具傾城傾國貌的李夫人是漢武帝愛妃，早逝，帝思之，方士設帳作法，令帝遙望一女子貌如李夫人，以解思念。此三首借古寓哀，妻子走時你不及見最後一面，憾恨難排，我懷疑你借助靈媒觀靈術牽亡魂，求與亡妻一會，故以「李夫人」作題。

第一首有句「慚愧白茅人，月沒教星替。」注家解為，你辭謝柳老闆欲贈你歌妓一事，此說有理，你的內心被妻子全部占滿不可能另起一段感情。但是，若朝借助道士引魂設解，似乎也通。

第二首「剩結茱萸枝，多擘秋蓮的。獨自有波光，綵囊盛不得。」注家解法不一，或說你關切妻子在陰間的生活，或說你自言生活只剩無限苦辛。我大膽猜想是招魂所備物品，茱萸枝消災避禍，護幽魂來歸，蓮子「相連」寓陰陽一路可連，還有你渴慕的眼波，無法裝入綵囊裡面。引魂而來，便要進駐，第三首前四句：「蠻絲繫條脫（手鐲），妍眼和香屑。壽宮不惜鑄南人，柔腸早被秋眸割。」論者解你鑄了妻子的神像，此說合理。料想神像就放在屋裡與你共晨昏，「清澄有餘幽素香，鰥魚渴鳳真珠房」狀似房內之景。即使如此，仍不能寬慰被哀思啃噬成瘦骨的你，無眠之夜，「土花漠碧雲茫茫，黃河欲盡天蒼蒼」，遙想妻子墳塋處碧草如茵開滿小花，雲天蒼茫，無窮無盡。

一顆破碎的心，從歸隱嵩山松雪的出世意向轉為感應萬物生靈的入世情懷；然而，仙籍化妻子，盼不到七夕一年一會，神像化妻子，朝夕在身邊，理智上卻知其葬身在土花漠碧的地方。這是上窮碧落下黃泉的尋找法，最後遙想「土花漠碧」墳塋之處，意欲同歸。心碎了，怎麼修補，還是破的。

你自言：「三年以來，喪失家道，平居忽忽不樂，始克意事佛。方願打鐘掃地，為清涼山行者。」這段話讓人聽了心酸。身為儒者，早年求道，壯年事佛，儒道釋架構你的一生豐實你的思想，但解脫談何容易。悲傷是淩遲的刀，一個四十歲喪妻男子，像你這樣經年累月沉浸在鬱鬱哀情中走不出來（或許也不想走出來），如你詩句「多情真命薄」所言，情聖是活不久的。你的詩往往是悲劇命運的預言，誠然，你與亡妻相會之日不遠了。

2 一個父親的痛苦（思兒）

可以肯定地說，你是古典詩人中喜歡小孩的「文豪爸爸一族」，與左思、陶淵明、杜甫、蘇東坡同一夥。你不僅愛自己孩子，旁及家族，那些叫你伯伯、姨丈的，你也一樣疼愛。有例可證，祭四歲早夭的小侄女寄寄（義叟之女）文，「朝饑誰飽，夜渴誰憐？爾之棲棲，吾有罪矣」寫得好像對自己親生女兒，雖然「汝伯祭汝，汝父哭汝」寫明親屬關係，還是有傳聞她是你前次婚姻所生。

你的同年加連襟韓瞻（畏之）的兒子、晚唐詩人韓偓（小名冬郎），早慧有才，在你赴梓幕的餞行宴上，十歲的他即席賦詩相送，舉座大讚。日後你追憶此事寫成兩首七絕，前言四十五字兼題：「韓冬郎即席為詩相送一座盡驚他日余方追吟連宵侍坐徘徊久之句有老成之風因成二絕寄酬兼呈畏之員外」，詩其一：「十歲裁詩走馬成，冷灰殘燭動離情。桐花萬里丹山路，雛鳳清於老鳳聲。」流露長輩賞愛晚輩之情，親切美好，「雛鳳清於老鳳聲」也成為後代讚揚晚輩、獎掖新秀的慣語。詩其二，有句：「為憑何遜休聯句，瘦盡東陽姓沈人。」一把小冬郎比做八歲就能做詩的何遜，自比嘆賞何遜之才的沈約。我爬梳這些細微線索，感受到你是個溫潤的暖男，對孩子的表現很當一回事，才會記住冬郎小朋友「連宵侍坐徘徊久」一句，隔了一段時間還念念不忘追吟之，寫詩回覆兼寄給他爸爸。這樣美好的情感，卻有學者用「抹黑法」解讀為「精神賄賂」，說你別有居心，有求於韓瞻，才寫詩讚美他兒子巴結他。好好一樁慧眼美事，被講成乞丐伸手。學術上，霸凌、鞭屍的事，瞠目不夠還要結舌。可見，人不能失敗，不能不捍衛名譽，不能不強悍，否則依照落井下石定律，千百年後仍有可能丟來一顆莫名其妙的石頭。

然而，我以父母居心想的更多。冬郎大你的兒子袞師四歲，年齡差距不大。當你追記餞別宴時，袞師七歲多了，約略可以看出天資，尤其你在他四歲時寫的〈驕兒詩〉，白描出一個語言表達清楚、活潑調皮、好奇愛學、喜歡筆墨吵著要大人幫他寫春聯的小孩，這樣的孩子大都天資聰穎學習能力強，若調教得法，七八歲也有異彩了。表哥冬郎早慧，表弟袞師應在伯仲之間。

然而，有一首詩讓我黯然許久；〈楊本勝說於長安見小男阿袞〉，楊本勝是你的同事，他回長安一趟，料想你託他帶錢財物資給寄住在親友處的兒女，楊先生返回梓州後詳告所見，你當晚寫下此詩：「聞君來日下（指長安），見我最嬌兒。漸大啼應數，長貧學恐遲。寄人龍種瘦，失母鳳雛癡。語罷休邊角，青燈兩鬢絲。」

這是日記詩，重點不在詩藝在於見人生艱難。夜深燈殘，想到一雙兒女寄人籬下，過的是消瘦癡傻、啼哭無助的日子，做父親的怎能不心如刀割，徹夜難眠鬢絲更白。可憐兩個沒媽的孩子，現在等於也沒父親看顧，成長之路欠缺親情滋養，即使有天賦恐怕也要委頓。對父母而言，最自責莫過於很早發現孩子的資質優異卻無法提供優渥環境讓他成長，我相信楊本勝一番話給了你重重一鞭，打痛浸在思妻鬱結中的你，你猛然想到一直以來忽略孩子，這新的痛苦使你恢復鬥志，要為兒女振作，尋找新的可能性。我從這個角度來理解你在這期間所寫兩首獻給杜悰、向他求援盼他引薦的長詩[17]。

論者對這兩首詩評價甚苛，說你阿奉杜悰、違心弄舌，說你詩中「惡草當道」句批評李德裕在劉稹之亂時殺降，你曾在其他詩秉公論李德裕功績，此處卻為了阿諛杜悰而「醜詆名臣」，足見你的詩品、人格有問題。我初讀那兩首詩也覺得遣詞太過，有卑躬屈膝之感，再讀揣摩，對學者的批評不能贊同。

「惡草當道」未指名道姓，可泛稱庸臣亂政亦可專指某人，即使專指一人也不一定指李德裕（有注家認為指白敏中），即使專指李德裕，當年他執意殺降數十人引起枉濫之議，也是實情。我猜測，殺降這件事觸到你的底線，以你任弘農尉為了活獄事件怒觸長官、為無辜被殺的胡溵寫詩喊「殺人須顯戮，誰舉漢三章」[18]旁證，你有就事論事不可殃及無辜的正義感。再者，詩人在其他詩作讚譽某人功績，乃自蓋棺論定式的綜論言其功過，此無礙於就單一事件論對錯而作評。李是功臣名臣，並不表示他事事皆對、皆不可疑之，莫說功臣名相即使是皇帝、最高領導就不可以被評嗎？黨爭之可怖，不就在於入一黨即不疑不評獻上死忠，吾乃文學中人，豈能陷入類此「政治正確」的意識形態而解讀。吾私以為，所謂忠黨愛國之論，愛國無庸置疑，國再弱仍是我的國，忠黨——尤其當黨喪失理想走向腐敗時——黨再爛還是我的黨嗎？一個政黨意識薄弱的人所作所為，在擁護黨性堅強者眼中視作違心弄舌、醜詆名臣，這跟「詭薄無行」之評同一邏輯，可以理解卻也是悲哀的。悲哀是，前者總是如此被評，而後者只能如此作評。

這兩首詩讓我替你感到難過。一，你在梓幕似乎不暢快，有些蛛絲馬跡引我猜測，原因可能是你不喜歡應酬飲宴風氣，名篇〈杜工部蜀中離席〉有句：「座中醉客延醒客，江上晴雲雜雨雲」，蜀邊多擾、貧民亂起，內外不靖卻不減宴樂。這詩寫的雖是西川所見，然你在梓幕期間動不動就有樂營置酒、讌集、散席、妓席、飲席、夜飲之類詩作，可見東川也好宴，你體況多病，大概備感吃力也不以為然吧。再者，府主雖善待，同僚之間或許不洽，「柳好休傷別，松高莫出群」指莫出頭、「縱能朝杜宇，可得值蒼鷹」豈擋得住猛禽，透露些許訊息。

其二，我必須說，你識人真的不明（包括對令狐綯），雖然杜悰與你有親戚關係，在你的時代行卷干謁風盛，無處不沾親無處不帶故，你向權臣求援親族問路本屬常情，問題是，要向對的人求，他是有名的苛刻之輩，你費心獻詩，只被當作筆墨間往來而已。

三，這兩首各四十韻極盡堆砌典故以隱藏卑微尊嚴的求援長詩，見到一個懷抱「從政夢」讀書人也是一個飄泊父親陷在窮途末路的身影，而且是極其難堪的身影。你這輩子真的是個「求者」，不放棄任何機會去求，不管是求愛還是求仕，好像對你而言沒有「放棄」兩個字。當你鋪紙提筆，你的眼疾使你夜間視線模糊，燭光搖曳下，更是如吟遊者行走於苦霧中，召喚文字精靈向蒼天吶喊，當你寫到「欲陳勞者曲，未唱淚先橫」句，想必悲從中來。

四，命運待你太苛，一個大才子行政經歷豐富，到了四十多歲壯年還要畢恭畢敬寫求職信，尊嚴磨得如紙薄，即使千百年後讀來，這種被政治（職場）、命運雙重碾壓的遭遇，催人熱淚。

一個孤獨男子，外求無望、公務繁重加上思念亡妻、掛心兒女、身體多病，心情更加消沉，任何人處在此境地，都會感到生無可戀而戛然中止。而你，你連求死的資格都沒有，拖著殘軀繼續求生。

你連寫三首散步西溪的詩：〈西溪〉〈悵望西溪水〉、〈夜出西溪〉、〈西溪〉（近郭西溪好）。你自號「樊南生」、「玉谿生」，樊川、玉谿皆是河名，可見你愛水，柔情似水，獨自行吟溪畔，望著河水流向你思念的遠方，甚至連晚上都到溪邊散步；廣袤天地間，只見月色清澄、繁星點點及一個踽踽獨步的你，讓自然美景暫解鬱結。其中一首〈西溪〉後四句：「鳳女彈瑤瑟，龍孫撼玉珂。京華他夜夢，好好寄雲波。」鳳女龍孫代稱子女，將潺湲溪水視作信使，請她好好地把你的思念帶入京城夜裡兒女的夢中。做父親的，似乎無能為力了。

什麼時候開始你不再往外寄求職信？梓幕是你這輩子待最久的地方（整四年多，八五一—八五五），這過程看得出磨合痕跡甚至勉強度日，詩中常有「三年從事亞夫營」、「三年苦霧巴江水」、「江海三年客」、「三年已制思鄉淚」之句。人若適意覺得日子過得飛快，若不舒坦天天數日子，你動不動提三年，流露心中苦悶。柳老闆倚重你也善待你，其實你遇到的老闆都不錯，只不過前幾個運氣不佳。你在梓幕期間飽受慢性糖尿病折磨，屬（音主）疾、病中、以疾後至、薄宦仍多病、薄宦頻移疾、天涯長病意、淹臥劇清漳、漳濱多病竟無聊（無所依託）之語屢見，加上親近佛教與僧師往來密切，一顆滄桑的心或許漸漸離塵了。

世間事，滄桑說多了就是尋常，〈天涯〉這首詩，我讀來別有繁華即將落盡的感觸：

「春日在天涯，天涯日又斜。鶯啼如有淚，為濕最高花。」

開在最高處的花，春至此將盡矣，花在最高也是最後，已無人賞及，唯寂然凋零而已。春殘花將盡，寄語路過的鶯鳥，若你還有淚，請代我灑濕這花，陪她同哭，我已淚乾。那朵最高花，是「徙倚三層閣、摩娑七寶刀」的你，是豪情壯志欲迴天地、扭轉乾坤的你，如今，也是孤寂的你。

冬郎、阿袞這兩個表兄弟的命運大不同，韓偓（八四二—九二三）擢進士第，翰林學士、中書舍人，在晚唐詩壇以香奩豔體留名，享高壽，見證大唐帝國覆亡。

「袞」這個字，是天子祭祀時所穿禮服也是古代上公禮服，可以代稱天子或三公，如袞袞諸公。袞若掉入水裡，便是滾滾紅塵。從「袞師我驕兒，美秀乃無匹」到「寄人龍種瘦」，從期望他「當為萬戶侯」到「長貧學恐遲」，這苦命孩子六歲喪母，寄人籬下六七年後，十三歲時複製你幼年失去父蔭的家族詛咒，塵封了你的詩才遺傳、繼承了你的飄泊。你的兒子李袞師，下落不明。

3 哭這個字，蹂躪你的人生（朋友）

有幾首詩，讓我捕捉到你的情感模式與濃度異於常人。世上有善記仇之人，你相反，一輩子都在記恩。

年輕時，對提拔你的貴人一再感謝不忘恩情，至生命晚期亦如此，行事為人一以貫之，不因仕途偃蹇而瞋恨變成尖酸苛刻之人。對恩師令狐楚，除了前述所引〈謝書〉感謝他教導，〈撰彭陽公誌文畢有感〉有句：「百生終莫報，九死諒難追」一百輩子都報不盡。

對崔戎，〈安平公詩〉四十八句長詩詳述他對你的賞愛栽培，首六句：「丈人博陵王名家，憐我總角稱才華。華州留語曉至暮，高聲喝吏放兩衙。明朝騎馬出城外，送我習業南山阿。」崔猝逝，你非常傷心，至其舊宅憑弔與其子時有往來，「絳帳恩如昨，烏衣事莫尋。」[19]，首句就是一個「恩」字，且憤憤評議同僚中薄於情義的人「莫憑無鬼論，終負託孤心」。

對鄭亞，在你走頭無路時聘你到桂幕，你對他感激涕零，〈獻寄舊府開封公〉有句：「酬恩撫身世，未覺勝鴻毛。」你對我的厚恩難以酬謝，再怎麼回報都只是鴻毛，又是一個

「恩」字。

對盧弘止，他在你苦覓出路時辟你到徐幕，〈偶成轉韻七十二句寄四同舍〉有言：「此時聞有燕昭臺，挺身東望心眼開。且吟王粲從軍樂，不賦淵明歸去來。」毫不掩飾眉開眼笑，且言「橫行闊視倚公憐，狂來筆力如牛弩。借酒祝公千萬年，吾徒禮分常周旋。」狀似手舞足蹈，願一直追隨這個好老闆。他猝逝那年你同時喪妻接著去梓幕，不及處理感觸，但你始終不忘，〈過故府武威公交城舊莊感事〉末四句：「新蒲似筆思投日，芳草如茵憶吐時。山下祇今黃絹字，淚痕猶墮六州兒。」應是你特意到他的故居憑弔，如同當年到崔戎舊宅憑弔一樣。此詩寫於你生命最後一年，我彷彿見到你抱著病體一定要到他故宅致意了此心願，重情者不管世態炎涼、年深月久，身在情長在。

你這一生太需要工作，對聘用你的人無不感激。「滴水之恩湧泉以報」就是指你這種人，真想問你，左一個恩右一個恩，你累不累？有注家認為跟你出身寒門挨餓受凍過有關，我認為是敦篤淳厚的人格特質使然，不管是豪門貴冑還是出身草萊，多的是刻薄掠奪之輩，這在江湖上見多了，本性才是一個人的導航。

我注意到，你有多首以哭為名的詩，〈哭遂州蕭侍郎二十四韻〉、〈哭虔州楊侍郎〉、〈聞著明凶問哭寄飛卿〉，平生風義兼師友的劉蕡猝逝，連寫四首：〈哭劉蕡〉、〈哭劉司戶蕡〉、〈哭劉司戶二首〉哀悼他，光看詩題已讓人想要同哭。你不止重情義，心中更有一把價值鋼尺，敢於為承受冤屈、無辜受牽連者喊冤，這在昏聵當道的衰世堪稱是有憨膽的人，難怪仕途黯淡只能去天涯海角討生活，從這個角度看，要感謝老闆們保護你。你是複合體，善感多情烈性重義，還愛哭。正因如此，哭這個字，才能不斷蹂躪你。

你或許沒發現自己也有野馬難馴的一面，烈性昂揚的時候飛蹄驅馳不顧一切。你佩服長你九歲的杜牧（八〇三—八五二），寫〈杜司勳〉：「高樓風雨感斯文，短翼差池不及群。刻意傷春復傷別，人間惟有杜司勳。」在風雨如晦時局中讀杜牧詩文，謙稱自己翼短不及他意興遄飛。讚賞他刻意在傷春傷別詩中寄託感時憂國之心，這樣高超的詩藝只有杜司勳一人。這是知音之語。寬著說，你與杜牧有遠親關係，你寫這詩時一定沒料到文學史將你們並稱，唐朝有兩對「李杜」，盛唐「李杜」是李白、杜甫，晚唐「李杜」是你與杜牧——依照年紀序應該是「杜李」——有趣的是，兩李個性天差地遠，兩杜「風流指數」判若雲泥。另一首〈贈司勳杜十三員外〉，你當時情況比他還慘，卻替他感嘆才高運舛，惋惜他胸中千萬甲兵、施政藍圖無法施展。杜牧與牛黨近，顯然你將無聊的黨爭標籤拋諸腦後，就詩論詩，回歸詩人本色。

你也為已作古的老前輩韓愈（七六八—八二四）抱不平。

憲宗時裴度率軍平淮西藩鎮之亂，帝命韓愈撰〈平淮西碑〉，碑已立，有人不滿意，藉皇族及政治力介入，碑被拽倒，改立段文昌撰的〈平淮西碑〉。此案涉及論功順序與比重，你挺韓愈，〈韓碑〉一詩寫得慷慨激昂，如果在現代社會，就是一個後輩為文壇前輩抱屈要走上街頭抗議的氣概，詩末：「公之斯文不示後，曷與三五相攀追？願書萬本誦萬過，口角流沫右手胝。傳之七十有三代，以為封禪玉檢明堂基。」盛讚韓碑之不朽價值，寫萬遍到右手長繭、誦萬過（十遍為一過）到口角積沫雖是夸飾，可以感受憤憤不平的你簡直氣炸了！韓老前輩地下有知，當會含笑。政治競技場上，皇親國戚、世冑高門、權貴豪族各有其時，但也只是一時。韓愈〈平淮西碑〉留下來了，哪需鑄在大石頭上，它直接刺青在光陰之神的手臂上，如你所稱，永恆。題外有感，有些人不顧一切「手段」達成個人「目的」，他們忽略了「時間」這個魔術師能移山倒海，化石為寶、化寶為石；施展不義「手段」的過程變成獨立故事反而烘托被抹煞人事的奇特性，而「目的」事物短暫存在後消失，寶化為石。我們無法揣測天意，也不知時間魔術的規則，但似乎有根定海神針在作用，那就是義與不義。

題外再一話，你跟前輩的關係看起來不錯，年輕時得識詩壇大老白居易，他長你三十九歲，非常喜愛你的詩文，你的風格與他不同，然無礙於泱泱大度的詩國情誼。他生前囑咐家人死後請你撰墓誌銘，你依囑作《刑部尚書致仕贈尚書右僕射太原白公墓碑銘》。唐代詩壇有一段佳話，杜甫的墓誌銘是元稹寫的，元稹的墓誌銘是白居易寫的，白居易的墓誌銘是李商隱寫的，一脈光輝燦爛的詩人高誼流蕩在墓域間，暖了漫漫寒夜。白居易於八四六年逝世正好你兒子出世，這個巧合，便有後世閒書說，他曾謂死後若能投胎當李商隱兒子則足願矣。

我從這些不起眼作品中窺視你的內在真實形象，見情感湍流流過哪裡，灌溉了什麼。爬梳這些蛛絲馬跡，猶如俯拾自空中飛落的花瓣，拼貼、想像遠方那棵花樹到底有多氣派。可以肯定地說，你不是一個薄情寡義的人。有這些了解做基礎，不同於學者用學術刀解析你與令狐家族的關係，我想換個角度，從性格來揣摩你這一生與令狐綯的恩怨情仇。

4 令狐家族糾纏史（令狐綯）

如果沒遇到令狐家族，你的人生是另一條路。

令狐楚老先生對你有栽培之恩，無庸置疑，你對他感恩緬懷情真意切，毫無疑問。但同時，你也開始付出代價，被貼上牛黨標籤，被視作令狐家族「圈起來」的人。

這一場從你十八歲延續到四十多歲漫長的情感糾結，不幸地加上你仕運坎壈家運不濟終究一生不得志，用泡過封建醬缸的勢利眼來看是個失意者（也是失敗者），在根深柢固的價值量尺下，後世看你，不時出現破窗理論、落井下石現象，多首詩被注家穿鑿附會、恣意比附，視之為向令狐綯（字子直）乞憐示好、媚詞求饒，連「相見時難別亦難，東風無力百花殘」這麼美的情詩也說成「寓意子直之作」，好似他是你的親密愛人、你是死纏爛打的恐怖情人，把你的人格、詩格卑化，你變成一個腳踏兩黨、鑽營政壇的投機者，一個活該遭千古同罵的無品文人。我掂量關於你的罪狀，多的是以詩入罪、證罪，先射一罪之箭，再搜詩畫靶證明有罪。文字具有延展性、多歧義，詩不為資訊目的乃為藝術意境尤其善於營造朦朧大霧，霧中是驢是馬難辨，硬要羅織，欲加之罪何患無辭，整本詩集都可以當證據，作品自造一座華麗無比的文字獄。要這麼解詩也可以，那就開創有罪推論的理論學派，可以去文字獄特偵組上班了。

這一團糾葛的關鍵人物，是令狐綯。

你初入令狐幕府，令狐楚讓你在門下與其子「同遊共學」，這四個字有意思，代表化學變化開始。令狐楚有兩個兒子，長子令狐緒身體不佳，年少風痺（痛風），痛風固然跟體質有關，那麼年輕得病跟吃香喝辣關係更大，可見過的是高端生活。令狐大少爺無應舉紀錄，若不是屢試不中就是無意於功名，用我們現代話說「年紀輕輕就很豁達啦」，你詩中見不到這位大少爺身影，可見不熟，「同遊共學」的對象不是他。

次子令狐綯長你十七歲，你進令狐幕府時他已三十五，尚未考上進士。我也要拿醬缸裡的勢利眼來打量打量，一個官二代，父蔭樹下到處都有叔叔伯伯當主考官，到這把年紀還沒考上，顯然不擅長考試，如果再拿後來溫庭筠曾取笑他讀書不足的事當八卦佐料[20]，合理判斷，他的學識才氣不及十六歲就寫出〈才論〉、〈聖論〉的你。

三十五歲大哥哥、十八歲天才小老弟，這麼懸殊，怎麼「同遊」如何「共學」？請恕我用作家天花亂墜且不負責任的想像力大膽推測，你當了令狐綯「科舉大考魔鬼衝刺班」的小老師、伴跑員。果然，次年（八三〇），三十六歲的他考上進士。我把功勞記在你身上，你應該是善授之人，若活在現代，不必寫詩，去補教界發展開連鎖補習班富可敵國，哪需要寫低聲下氣的求職信。以上純屬猜測，既然猜了，有一事我甚存疑；你從二十二歲（八三三）

年開始應試，五年考四次（其中一年生病未考），八三七年二十六歲考上，真是個資優生。你在〈與陶進士書〉提及，令狐綯與主考官相熟，主考官問他有沒有要推薦賢才，他大聲提「李商隱」名字三次（我們今日搞笑之語：因為太重要所以提三次，原來令狐綯早就在用了），你遂中舉。我懷疑這事是大哥哥誇口了，好對你「共學」之助有所回報且讓你覺得受恩於他。你把它寫在給別人的信裡，讓我覺得，你要不是太單純容易相信別人，就是把別人對你的好點點滴滴都放心裡的實心人。

你詩集中跟令狐家族相關的至少有十八首（若要寬著算不止此數），其中明確可判跟令狐綯有關的十四首，名字直接入題的九首：〈令狐八拾遺綯見招送裴十四歸華州〉、〈酬別令狐補闕〉、〈寄令狐郎中〉、〈酬令狐郎中見寄〉、〈寄令狐學士〉、〈夢令狐學士〉、〈贈子直花下〉、〈子直晉昌李花〉、〈令狐舍人說昨夜西掖翫月因戲贈〉，詩題未點出名字然學者判斷與他相關的有五：〈獨居有懷〉、〈海客〉、〈腸〉、〈鈞天〉、〈九日〉。

一個詩人一生中至少寫了十四首詩給另一個人，無論對方是男是女，都不尋常。這樣的關係，如果只從一方不斷地望另一方汲引、推薦來理解，無疑地把人際扁平化、事件膚淺化、情感目的化。人與人之間有來才有往，我們從一方留下的線索，足以判斷繩索另一端的那個人也不時拉扯。如果位階在上的那一方早就視之為叛徒斷絕往來，詩人寫再多詩也不能當石頭敲開他家的門，那麼，何以不斷？是不想斷、不能斷、不必斷？十多首詩的收啟人，到底怎麼看如何想，讓人好奇。

我推測你們很早就建立「類兄弟情誼」，從你呼他「子直」可知，從他設宴常邀你作陪可見。你詩名早揚且博學多聞像一本活字典，是席間能用文采暖宴吟詩唱和的最佳陪客。我們今日戲稱所謂「酒肉朋友」，公私飯局必想到邀某人，此人必定不是尋常交情。你們兩人應是趣味相投且言談有味，我也願意相信，他有溫文親和像個大哥的一面。

但是，官二代大哥與寒門小弟怎可能站在平等地位推心置腹；他長你十七歲，他尊你卑，你是依附他家的小老弟小家臣，你們之間的「情感位階」從一開始就是不平等的。「把你當作自己家人」通常是位階尊對卑、權勢強對弱、財富豐對寡、年齡長對幼所說的迷幻語言，勾出忠心耿耿絕無二心、士為知己者死知己不必為我而亡的對待模式，你拙於察覺，過度信任彼此情誼可以天長地久。友誼間若是門不當戶不對，潛藏「柔性宰制」危險，他具有主導權，招之即來揮之即去。招之令你喜，揮之令你懼。

人與人之間不可能永遠風和日麗，我直覺你們之間曾發生一些事件，彼此心裡都有小陰影。但更大的烏雲是你在令狐老先生逝後向親李黨的王茂元靠近且娶了王小姐，我認為是愛情魔力使你做出關鍵選擇，但除此之外有沒有其他因素推波助瀾不可知。你是個隱藏性很高的人，從詩作可以揣摩得出，事件抹去、情懷留下，謹慎地不出惡言以致費疑猜。你對他稱呼不一，直呼其字或稱官銜，親疏不定或許顯示情誼變化。

要問，周圍的人樂見你們情誼穩固嗎？你李商隱只是自己一人，但令狐綯不只是單一個體，他代表一個家族一個集團一個利益共同體，就算他對你有特殊情分，也禁不住家族內集團裡對你有異聲，你天生具有讓人討厭、嫉妒的潛質——需知，才華橫溢就是一宗罪——如果有人想把你往死裡打，你怎會是對手。我總感覺有隻黑手操弄這一切，你感念崔戎老闆的一首詩末嚴厲批評薄義背恩者「莫憑無鬼論，終負託孤心」，這隻黑手就拿你的話塞你嘴，「背家恩、詭薄無行、放利偷合」罪名落在你身上，譴責之聲四起，讓你在牛黨待不下去、在李黨也被封殺。

查考你一生作為，並未做出損害令狐家族利益或詆毀牛黨的事。你所在的晚唐政局，皇帝一個比一個爛，也不是厲行仁義道德新生活運動的澄明社會，你更未參加大唐聖賢選拔賽必須做品格電腦斷層因此被發現有陰影，加在你身上的惡評過重，有違比例原則。而這些罪名，聽起來像是令狐綯集團拍板定下往外傳播的。令狐綯不可能不知，知而放任，其心可議。

有意思的是，你投向親李黨陣營四處遊宦，跟令狐綯並未斷絕往來，是他不想斷還是你不願意斷或是你們不認為應該畫清界線以避政黨嫌疑？從詩中看，你們之間公務私交持續交集，對你而言，除了情誼基礎或許也盼望他擁有的官場人脈能給你協助，這是人之常情不必以腳踏兩船苛責。對他而言，你是一支快筆有事交辦一聲甚好用，這也合乎情理。人際尊卑，不能只看到尊有助於卑，也要看卑有益於尊，這才公平。

奇怪的是，從詩中只看到你不斷地期望他引薦、幫忙，卻看不到他到底為你做了什麼——直到你遭逢喪妻大慟「以文干謁」，時任宰相的他才幫你補上太學博士這個冷官，這是基於同情吧——大約有十多年之久，你們之間的交集模式是你不斷求他，而他沉默以待。在施恩與受恩的鎖鏈上，你屈居下風。人際間有一種詭異的心理傾向，一個人向另一人寫多封求援信，即使那人什麼事都沒做，外人也會覺得幫了很多忙，因為潛意識會解讀必定是那人幫過忙此人才會一次次索求，殊不知，可能是那人從未出手此人才一次次探問。這種心理傾向本於對政經位階高者的崇拜以致產生先驗式信任，是一種思想盲點。

你信任的令狐綯大哥是個什麼樣的人？承門蔭入仕，宣宗拔擢他為相，史書寫他性格怯懦、膽小遲緩。這話有貶義，持平地說應是圓通融洽，凡事「再想想、再看看」，事緩則圓，誰都不得罪。能在宣宗朝廷當十年宰相，顯見他善於政治精算，長袖裡何止兩三套謀略。

我猜測他對你講過：「有什麼困難來找我啊」。位高權重者對仕途坎壈者說的這句讓人感激涕零的話，該不該相信要看場合；若在宴席上說，直接打對折，那是說給別人聽的，意在形塑寬懷大量不計前嫌、顧念舊情熱心助人形象，如同鳥兒築巢，你只是它啣著的一根還帶著綠葉的枯枝而已。若說之時酒酣半醉，又有樂妓舞姬在旁，對折直接打到骨折，此乃「昨晚山盟海誓，今早實在歹勢」標準版，逢場做戲只能當作一個香屁。這種應酬話，比的是誰忘得快，不是誰記得牢。

詩的縫隙可以窺得滾滾人事。我猜測，他給過你未置可否的希望、似是而非的承諾，你以早年與他同遊共學、相知相賞的情誼信以為真，而他以拖字對待你（也算懲罰你「背家恩」），遲遲未有行動，你被懸在空中，以致必須等待、猜測、試探、解釋、提醒，請恕我以小人之心揣度，可能他也享受這種你不得不求他的感覺吧，最後你迫於現實無法再模擬兩可地等待下去，應聘他就。你們之間忽遠忽近，忽冷忽熱。他高興時來信問小老弟身體可好、跟你分享賞月趣事，不高興時指責你忘恩負義。你寫給他十多首詩，情誼糾纏，你纏他，他也纏你。人情世故本在冷熱遠近之間生滅，這其中有濃有淡，有暖心有絕情，重點在，雙方都不放手，繩子才能一直拉扯。這條繩子就叫「恩」。

那麼，來談談「恩」吧。

令狐家對你有栽培之恩，欠下恩情一世難還，這是你永遠的心理重擔。令狐綯知道你的軟肋在此，「情感勒索」之所以能無往不利，在於施恩者認為自己是債權人，這筆情感高利貸隨時可催討，也在於受恩者始終固守當年那份感激之心，未審視彼此對待的合理性，使珍貴的感激心變成對方隨手按得到的電源總開關。施恩者之催討，證實你在他眼中不應具有主體意識、不可做出與之相違的選擇，「家恩」是對「家臣家奴」說的，「背家恩」的人就是叛徒，宜乎亂棍伺候。而你，你一直沒脫殼，仍是當年進令狐府大門那個十八歲青澀少年，你在他面前沒長大，甚至壓根兒沒想到自己會在詩史不朽可以預支一點信心去扭轉局面，你習慣性低聲下氣，任憑他的喜怒左右你的情緒，他的話語影響你的名譽，而你毫無力量反擊。

將〈海客〉、〈酬令狐郎中見寄〉、〈腸〉、〈夢令狐學士〉、〈寄令狐學士〉、〈鈞天〉、〈九日〉這幾首詩合成一組來看，更能掌握你們之間的糾纏與糾葛。詩作時間約在八四七年你應鄭亞之聘至桂州、八四八年返京任盩厔尉借調至京兆府、八四九年欲另尋出路，前後三年之間。

〈海客〉寫於赴桂州幕途中，有句「只應不憚牽牛妒」可視作軟弱的你終於下定決心，不再寄希望於他也不怕得罪他；〈酬令狐郎中見寄〉應是他來信怒責你從鄭亞、第二次背叛他（第一次是投入王茂元府娶王小姐），你忐忑不安，不得不自抑解釋、軟語安撫；怎料風雲不測，鄭亞速速被貶至循州，你離開桂林北返，愁苦於尋覓下一個工作，興起向他求援的念頭，〈腸〉以詠物筆法寫心思鬱結，千折百迴深恐愁腸寸斷，顯見你在掙扎並不願求他。日有所思夜有所夢，返京驛途中竟夢到他，〈夢令狐學士〉：「山驛荒涼白竹扉，殘燈向曉夢清暉。右銀臺路雪三尺，鳳詔裁成當直歸。」白描之筆，寫自己投宿山邊荒涼驛棧，天濛濛亮，夢見他自翰林院下班踏雪歸家的樣子。夢中沒有交談，只見身影，清清淡淡像一首小情詩。你只有兩首詩以「夢」入題，除了這首〈夢令狐學士〉，另一首是妻子逝世那年所寫。我從如此珍貴的「夢」作，窺探他在你心中的份量非比尋常，更進一層玩味，不難從清清淡淡中讀出輾轉反側不知如何是好的心情。

天有運人有命，如你之前所言「皇天有運我無時」，世間多少登峰榮耀、功業勳章落在誰身上，與其說誰有本事不如說誰走運。運自何來，與其說看前世積德不如說看今生脈絡。你的運氣一向糟透，這段期間更是崩崖式下滑，而令狐綯官運亨通；八四八年，他自湖州刺史蒙內召，遷考功郎中，不久知制誥，充翰林學士，一年數遷如搭雲霄飛車。不是立下什麼大功，平白無故坐著家裡喜從天降，純粹靠已逝「官爸爸」功勳庇蔭，皇帝說快快召令狐綯來朕要重用。八四九年為「翰林學士承旨」，這位子「獨承密令」是儲備幹部，沒意外的話就是接宰相。果然，次年令狐綯拜相。

事實證明，會讀書的天才不如會投胎的庸才（恕我直言），一個空有高才卻仕途浮沉連個穩定的飯碗都捧不到，一個被不次拔擢身居要津，這是帝制下大罪惡，也是蒼天弄人的殘酷範本。

有了這一層對比，再來讀〈寄令狐學士〉，末句：「鈞天雖許人間聽，閶闔門多夢自迷。」神話中天有九野，中央曰「鈞天」，「鈞天廣樂」指天上雄壯優美的音樂，閶闔是天門，天門那麼多需要導航，向他求援的意思很明顯了。

與這首同時作的另有一首，直接用〈鈞天〉立題，這是一事兩心情，前一首寄給令狐綯希望他伸出援手，後一首寫給自己等同日記，說的是真心話：「上帝鈞天會眾靈，昔人因夢到青冥。伶倫吹裂孤生竹，卻為知音不得聽。」天帝以廣樂會眾靈，有人正巧「夢」到（如同矇到）故能聆聽，知樂作律的音樂大師伶倫卻因為是行家反而不得聆聽。前一首有個「夢」字指自己，天門那麼多我怎麼夢都會迷路，後一首也有個「夢」字指令狐綯，幸運者一夢就夢到天上去。對外壓抑尊嚴求援、對內難忍不公不義發怨聲，內心拉扯，庸才大展宏圖賢能沉淪落拓，憤憤不平盡在其中。然而，在一個沒有最殘酷只有更殘酷的時代，官場上

「貧富差距」不可逆，他步步高升你節節敗退，終於你們之間的糾葛必須走到句點，出手的當然是高高在上的令狐綯。

〈九日〉這首詩記錄你於重陽節登門拜訪，他拒見，直接賞你閉門羹。

「曾共山翁把酒時，霜天白菊繞堦墀。十年泉下無消息，九日尊前有所思。不學漢臣栽苜蓿，空教楚客詠江蘺。郎君官貴施行馬，東閣無因再得窺。」

首、頷聯回憶當年重陽節與令狐楚在家把酒，階前白菊花盛開，今逢九日備感懷念。頸聯評令狐綯不承父志栽培文士，空教賢才流落。尾聯直言令狐綯官貴拒人千里，東閣（應作閤，開東邊邊門以延賢人典故）再也看不見。專家推定這首詩作於八四九年你苦尋出路之時，此際他正踏上官運鴻途得皇帝信任，當然必須與你這個不祥的衰鬼斷絕往來。

綜觀你們之間的恩怨情仇，感慨尤深，感想有三：

其一，性格決定處境。在人際情感上你不是一個能斷的人，藕斷還能絲連更何況未斷，這就是痛苦根源。一個重情的人為情所困，自認「欠恩」以致在精神上永遠不能與令狐綯平起平坐。而他，我注意到一條材料，他是個會記仇的人，你的好朋友溫庭筠曾得罪他，他怒奏溫有才無行，溫遂不登第。有恩必索、有仇必報，這種性格若再加上怯懦膽小、謹慎遲緩，表現出來的會是固守自身權益絲毫不讓近乎無情，精密盤算反覆推敲故不出手援助近乎苛刻，小怨小憎伺機而報近乎器量狹小。

實言之，冤有頭債有主，恩也有對象，真正對你有恩的是令狐楚不是他的兒子令狐綯，你以恩養恩擴及令狐綯本就不必，他承父蔭繼承這筆恩更是不當。種種糾葛如何處理見乎性格，剛烈者揮劍一斷，自此陌路，至死不回頭，但你的性格優柔寡斷，沒有「斬斷模式」只有「纏縛模式」，不是一個能快刀斬亂麻與人絕裂的人，故常常處在被拒絕位置。

其二，黨爭餘孽霸凌讀書人。你受牛黨令狐楚栽培卻成為親李黨王茂元女婿，對令狐綯及其集團而言不可原諒，痛下重手，以背家恩、詭薄無行、放利偷合抹黑你，讓你在歷史上留下惡名。這是集體（包括當時及後代）霸凌。

其三，命運鐵輪輾壓。你這一生拿到悲劇性命運版本，賞識你的老闆們大都不測以致一再窮途末路，無法切斷對令狐綯的期望。

必須說，造成這一切困境的關鍵是你自己，你縱容了這一條施恩與受恩無盡折磨的鎖鏈繼續存在。持平而言，你的求援詩說不定也造成他的困擾，他畢竟代表一個共生共榮的利益集團，早就不是當年與你共學同遊的那個大哥，身邊必定有人不喜你與他太近，他的兒子中有驕縱不法者被稱為「白衣宰相」，想必能議事敢決斷，幕僚謀士也會設擋土牆，即使他心中還存有一絲舊情，顧慮政壇詭譎為了鞏固官位，絕無理由對一個具李黨色彩的失意者伸出援手。「類兄弟情誼」講的是情，政治結盟算的是利，你拿情分期待他，他的身分地位要盤算的是利，你對他不止無利可圖還會旁生枝節讓政敵抓來當把柄。人與人交往貴在知己知彼，你不曾從他的角度設想你在他的天秤上值多少斤兩，以致掉入一廂情願的窟窿。如果你審視過他的性格與地位，知道他不是一個會慷慨伸援的人，你還會向他求援嗎？求援等同求辱，何苦自取其辱。

然而，我好奇的是，如果你與他互換，貴顯是你落魄是他，你會讓他一再寫求援詩嗎？以我對你性格人品的了解，你不會。我們評斷兩個位階不對等者的情感糾葛，宜乎一問，當際遇對調時，對待的方式會如何？這假設性問題當然僅供參考，然而重要的不就是「參考」嗎？有所參考，方能看出兩造之間，誰是那個掌握話語權高高在上行使批判的人，誰是「權力拳擊場」上一直挨揍的人。

後世學者非常在意你屢啟陳情望他提拔，對你有睥睨之意，甚至重磅批評你趨炎附勢、心靈扭曲、人格分裂，他們忽略了你們之間的情愫與糾葛有多深。當我理解你們身世、性格、命運之差異後，浮上心頭的絕非睥睨而是深深地惋惜。對你而言，可惜了，多情的人在糟透的運途上遇到一個不值得深交的人卻糾纏了二十多年。對令狐綯而言，更是大大地可惜，一個有資源有能力居高位的大哥，身旁有個百年不世出的天才詩人李商隱，這個小老弟那麼信任他、依賴他、在乎他，而他除了抹黑詈罵拒絕，竟沒留下一丁點讓後世讚嘆友誼天長地久的美談。

5 情，奔流於萬物間（物）

你是雌雄複合體，個性裡有剛烈部分也有近似女性的溫柔唯美。你是天生的詩人，情感豐沛，奔流於天地山川萬事萬物之間，題材量體大種類多，遍及史事詠嘆、政論諷今、神話仙境、情詩豔體、女性、自然、動植物、宗教、古蹟、交遊、獨白遺懷，且警敏多思、反覆盤旋、寓意多變，出現一物多詠、一題多篇，這種吟詠不足以致再誦、誦歌未盡以致三嘆的現象，與陶淵明組詩式的創作習慣不相同，顯示你的創作靈思像春蠶結繭有迂迴曲繞的特色，且同題多篇並非在短時間內刻意為之，是長時間貫串而得，更顯得縈繞心頭徘徊不去，跟性格中的優柔寡斷完全吻合。

譬如，標為〈無題〉有十六首之多，寫蝴蝶有四首都叫〈蝶〉，蝶是驚慌的自己、是尋花問柳的狹邪者，寓意不同。

寫雨，有〈滯雨〉、〈微雨〉、〈細雨〉（瀟灑傍迴汀）、〈細雨〉（帷飄白玉堂）、〈雨〉五首，雨絲似有還無，細膩唯美。

寫動物，遍及蝶雞猿魚鵝燕鶯蟬蜂鴛鴦孔雀；寫植物，李杏桃槿荷菊松柏桐柳梅牡丹石榴木蘭櫻桃……其中寫柳有十幾首，各有寄託，旨趣不同，柳在創作靈緒中已是不容忽視的鉤。我尤其喜愛〈離亭賦得折楊柳二首〉，其一佳句：「人世死前唯有別，春風爭擬惜長條」、其二佳句「為報行人休盡折，半留相送半迎歸」傷別之中預留相見之期。

荷花也是，除了立題〈荷花〉、〈贈荷花〉兩首，他詩提及「留得枯荷聽雨聲」、「荷葉生時春恨生」等，顯見你愛荷花。由於你是情詩大師，後世解你的詩常鑽入豔情窠臼。譬如〈荷花〉一首，寫夜晚設席乘涼，面對荷塘香風，評家解為冶遊之作，以荷代豔即席相贈，此是一解，但也不必排除單純是乘涼賞荷，晚風習習中看荷姿搖曳。從你在桂幕時休假日去郊外賞一整天的朱槿花來推斷，即使是單獨於星月下賞荷也是可能的，無須看到花就連結到飲席豔女、美色相伴。你一向有賞花情趣，才會寫出那麼多首跟花相關的詩。

我讀〈贈荷花〉一詩，感到你思想流動頗能突破單一審美觀與僵化的價值觀，「世間花葉不相倫，花入金盆葉作塵。唯有綠荷紅菡萏，卷舒開合任天真。此花此葉長相映，翠減紅衰愁殺人。」點出世人重花不重葉，其實花葉相映才有自然美。然有評家視為豔情之作，好吧，綠葉襯紅花也好、男歡女愛也罷，各自堅持吧，反正已不關作者的事了。

另有幾首與花相關小品詩，〈高花〉、〈花下醉〉、〈殘花〉、〈和張秀才落花有感〉，作於不同時期卻偃然有組詩趣味。〈花下醉〉佳句：「客散酒醒深夜後，更持紅燭賞殘花。」愛花極致，唯美者眼中，花盛花殘皆是風景，蘇東坡「只恐夜深花睡去，故燒高燭照紅妝」意同。〈和張秀才落花有感〉佳句：「落時猶自舞，掃後更聞香。」當放則盛放，當落則優雅舞落，生命完全燃燒之後餘香不絕，傳遞雋永浪漫的生命情調。

〈殘花〉：「殘花啼露莫留春，尖髮誰非怨別人。若但掩關勞獨夢，寶釵何日不生塵。」此詩不難解，無非是勸人惕己之意，到處都有別離，即使尖髮高髻富貴人家也有怨別傷離的故事，如果將自己鎖在哀怨之中，再美的寶飾也會蒙塵。然有評家曰：「誨淫若此，史稱其無行，信然矣。」誨淫，引誘、引動他人之情慾，無行即品行有疵。我讀之再三，實在不能領悟這首詩到底引動哪一條情慾、彰顯哪一種劣行？若不是評者情慾過盛就是我無慾則剛。賞詩各憑心證，只好各自尊重、互不影響了。

同樣寫櫻桃，〈深樹見一顆櫻桃仍在〉、〈百果嘲櫻桃〉、〈櫻桃答〉、〈嘲櫻桃〉、〈櫻桃花下〉，也是各有寄寓旨趣相異，讀者若跟不上脫殼技法、跳脫步伐，拿這顆櫻桃解那顆櫻桃，便要掉入穿鑿附會的窟窿。

即使同一景點、古蹟、廟宇，亦有多次重遊紀錄，題〈樂遊原〉有三首，其中一首「向晚意不適，驅車登古原。夕陽無限好，只是近黃昏。」至今讀來依然貼近中年後心情。寫女性，后妃、宮人、女冠、官妓、寵妾及歷史、神話人物，有評議有體貼有憐惜有感傷，能深入女性心理著墨，情感真實流動，議論出乎衷心。李商隱的女性世界，值得專題探究；同情嫦娥「碧海青天夜夜心」，批評楊貴妃「只教天子暫蒙塵」，雖然有評家斥：「本朝國母，如此揶揄可乎？」、「刻薄尖酸，全無詩品。」我卻覺得其中隱含你重視女性的影響力，單純解作你具有女人禍國殃民的偏狹思想，似乎看淺了。

讀你的詩，除了見識學識淵博，也考驗讀者的情愫層次能挖掘多深、情感強度能承受多重，追探題材能延展多廣、掌握詩義能彈跳多遠，有傲岸激昂、旖旎豔思，也有輕快諧趣、沉鬱悲悶，變化莫測，評家讚「足見其才之未易量矣」[21]，能開能闔方是大師本色，你當之無愧。

我不禁臆想，如果命運不摧折你，讓你在桂州待下去，對你的創作與性情會起什麼變化？我注意到你具有創作者與生俱來的好奇心與高度觀察力，即使不太適應桂州氣候，不到一年就掌握南荒特殊地理風光、少數民族奇風異俗，如〈桂林〉、〈朱槿花〉、〈題鵝〉、〈異俗〉二首、〈昭州〉、〈射魚曲〉等，讀來有田野調查之趣，生猛有力，異於那些泡在政治圈裡詠史諷今、望引求仕的詩。如果桂管觀察使讓你當，待個五六年，說不定桂州山水會讓你脫胎換骨，你不僅適應「炎方」無雪天氣，還跟壯族男子學會「尋潮背日伺泅鱗」射魚技巧，曬成黑炭色，變成一個身強力壯、笑口常開的人。

有箇仙人拍我肩——夢

你有兩首「夢」詩，一首夢令狐綯（如前述），一首自夢。在文學作品中，「夢」是必用字、慣用字，但大多用來當引子或代用詞，正式立題而寫，必屬特殊。

妻子過世那年七月下旬，你至洛陽岳家舊居崇讓宅停留數日，成詩多首，其中兩首標記日期，一是**〈七月二十八日夜與王鄭二秀才聽雨後夢作〉**，一是**〈七月二十九日崇讓宅讌作〉**（見前文）。你以日期入題的詩僅九首，連續兩日標記兩首，有點不尋常。時間這麼近，對創作意緒而言，前一首的情緒、感觸會延續、滲透到下一首，兩首互證、共鳴，對掌握你這段期間的心理變化甚重要。

〈七月二十八日夜與王鄭二秀才聽雨後夢作〉，可拆解為：「七月二十八日、夜、王鄭二秀才、聽雨後、夢」，日期及王鄭二人不重要，僅是標記當日與何人相見，至於相談何事也無關。揣摩是，當天雨勢頗大，晚上與王鄭一起聽雨，二人走後，你就座趴在桌上打盹，做此夢，夢醒寫下。

初夢龍宮寶焰燃，瑞霞明麗滿晴天。旋成醉倚蓬萊樹，有箇仙人拍我肩。
少頃遠聞吹細管，聞聲不見隔飛煙。逡巡又過瀟湘雨，雨打湘靈五十絃。

瞥見馮夷殊悵望，鮫綃休賣海為田。亦逢毛女無憀極，龍伯擎將華岳蓮。
恍惚無倪明又暗，低迷不已斷還連。覺來正是平階雨，獨背寒燈枕手眠。

我判斷，這不是因創作意念所需在筆硯間造出一夢，而是夢境實錄，且凡是標日期的詩，都有可能形同日記。我讀之再三，深有感觸，一個四十歲男子還能做這麼清晰鮮明的夢，可見有個高敏感度的心靈，這種特質的人不容易被世俗化也承受更沉重的內在壓力。

夢境如影片，詩用「初夢」、「旋成」、「少頃」、「逡巡（頃刻）」、「瞥見」、「亦逢」、「恍惚」、「覺來」切分成八小節記錄。

一開場是龍宮寶殿，瑞霞滿天，雄偉氣派的仙界勝境，接著「我」醉倚在蓬萊山一棵華美大樹下，有個仙人來拍我肩。這一段讀來，「我」是仙界中人，過著暢快適意的日子，仙人拍我肩，把我拍醒，似乎暗示：不應該在這裡，還有別的任務該做。

少頃、逡巡四句換景，迷濛飛煙切切急雨，遠處傳來管絃樂聲，聽得到卻看不見，此時的我陷在濛濛渺渺之中，不知此身何在。

瞥見、亦逢四句，出現三神人，河伯馮夷悵然，鮫綃尚未出售滄海已變成桑田、一百七十歲修道者毛女無聊鬱悶、龍伯摘取華嶽之蓮，皆是失意愁苦。馮夷不敵時間變化之速，毛女無力突破空虛寂寞，龍伯本應在海濤間縱浪竟來山岳摘蓮，不得其所。

恍惚、覺來寫夢醒，外面仍下大雨，積水已至臺階，才發現自己背著燈，枕手睡去，做了此夢。

夢的是自己的本來面目嗎？原是仙界一名悠哉仙人，從龍宮、蓬萊來到世間，瑞霞晴天變成飛煙驟雨，三神人是自己的三個變身，遭遇的是不得天時以致才華蒙塵、不得人和以致孤子一身、不得地利以致攀崖歷險。夢見的也是自己的身世。

我認為，這個夢是你的潛意識在給自己一個解釋，為何這一生連連遭遇大劫，進而自我寬慰。你活在一個充滿道教斑斕色彩、仙界傳說與世俗紅塵交疊的朝代，你雖然批判過皇帝追求長生為荒誕，但意識流域裡對仙界有所想像、嚮往，從〈李賀小傳〉你寫李賀死前異象，一緋衣人駕赤虬持一板，說：「帝成白玉樓，立召君為記。」天帝花園新建一座白玉樓，召李賀去撰文作記。李賀哭著不願意去，不久氣絕，窗戶飄出勃勃煙氣，且傳出行車之聲。你據李賀姊姊所述，加上一句「王氏姊（丈夫姓王）非能造作謂長吉（李賀字）者，實所見如此。」表示你相信異象是真的。那麼，這個夢顯示你複雜且瑰麗的內在風景，層層疊疊，往來於仙界、世間，仙籍與凡夫同體，你把世間災厄提升到一個較高的層次詮釋，在這個詮釋裡，你是下凡歷劫的謫仙。仙者歷劫修課，課終歸返天庭，在這種意念寬慰下，痛苦有一個安放的地方。

次日，你寫成〈七月二十九日崇讓宅讌作〉，完全落實到現實面回顧身世，最後一句「嵩陽松雪有心期」，流露歸隱修道之心，呼應前一日夢境。

然而你也知道，屬於你的課業尚未結束，你仍在凡夫之身。

刺鳥之歌——錦瑟

八五一年赴四川，柳仲郢是你跟隨最久的府主。他是憲宗元和末年進士，推測長你十多歲以上，是個不錯的老闆，對你頗呵護，關心你喪妻後心緒低落身體又有病痛，曾要把樂團裡的樂妓張小姐送給你，被你婉拒。他一定知道你的妻子善彈瑟，故找一個樂手寬慰你，見出細膩。

你在梓幕期間思想心情起了變化，刻意事佛，訪隱者探幽人與僧師往來的詩作多起來，「秋水悠悠浸野扉，夢中來數覺來稀」似曾相識夢中來過，「世界微塵裡，我寧愛與憎？」只不過是微塵世界，還要在愛憎裡纏縛嗎？後來，你拿出部分薪俸在長平山慧義精舍經藏院創石壁五間，金字勒（刻）《妙法蓮華經》七卷，還請柳老闆為文作記。我想起你寫了十多首「柳」詩，固然跟他無關，但冥冥之中也是一樁巧合，在你人生最後一段路，柳主護你身、柳樹慰你心。

八五五年底，柳老闆內調，你隨他返回長安。我相信他最了解你的身體情況，主動要你跟他走，不讓你再為一份薪俸受委屈。他任吏部侍郎充諸道鹽鐵轉運使，奏你任鹽鐵推官，履歷表上這是最後一份工作。說來也是冥冥之中的隱喻，你這一生流下的鹹淚可煉出鹽，身上傷痕累累都是命運鐵鞭抽打的痕跡。鹽與鐵交編一生，苦鹹割舌、瘀血揪心，唯因愛過淚過痛過，鹽晶如白雪，鐵瘀似紅花。

在我眼中，你是古典詩壇的一隻刺鳥，飛入荊棘叢莽，尋找屬於自己那株最高的荊棘木，將身體奮力扎進最尖最長的那根刺，流淌鮮血，高唱「春蠶到死絲方盡」用世壯志，低吟「蠟炬成灰淚始乾」純情追求，你的詩正是生命哀歌。而〈錦瑟〉，不管歷代多少評家多少種解法，用創作之眼看來，這是你的擲筆絕作，作為詩人的你，棲止斂目在〈錦瑟〉上。

錦瑟無端五十絃，一絃一柱思華年。
莊生曉夢迷蝴蝶，望帝春心託杜鵑。
滄海月明珠有淚，藍田日暖玉生煙。
此情可待成追憶，只是當時已惘然。

無論是〈寓目〉「錦瑟傍朱櫳」還是〈房中曲〉「錦瑟長於人」，「錦瑟」已是愛妻代稱，也標記夫妻刻骨銘心的愛情。然又不僅於此，瑟身或許可以連結妻子，但瑟瑟琴音，嗚咽悠遠，連結的是天蒼地茫，如〈夢作〉「雨打湘靈五十絃」暗示，風雨飄搖中五十絃之音可以悲歡恣意離合，連結的是永無止盡生之悲愴。

是以，一絃一柱思華年，推擴的時間長度不限於婚姻之內，非單獨悼念亡妻，瑟與妻的連結只在起頭，「思華年」已開拓出去，如你曾自言「聲名佳句在，身世玉琴張」[22]，拉出一個大的時空架構，思的是這一生。

莊生、蝴蝶，重點在「夢」，望帝、杜鵑，重點在「託」，兩組典故都是一人一物，莊生與望帝是人，蝴蝶與杜鵑鳥是物，人與物之間皆是一種化的關係。莊生夢為蝴蝶，是人是蝶，說的是此生如迷夢，我是誰？望帝身死，不忘治國之「春心」，魂魄化為杜鵑，四處鳴叫直到啼血，而我懷抱的淑世報國「春心」，生死流轉，無處可託。

滄海、藍田都是壯闊大景。一輪明月高掛滄海之上，如此寧謐，海濤在深沉夜色中無盡地拍打，有誰知道藏在海底的明珠正在垂淚。驕陽照著藍田山頭，這般晴美，靄靄暖氣四處瀰漫，有誰看得見美玉礦脈發出如煙一般的幽幽嘆息。世人可見的是明月、暖日，不可見的是垂淚的珠、生煙的玉；珠被遺忘，玉遭遺棄。「虛負凌雲萬丈才，一生襟抱未曾開」[23]，即使有高才稟賦、凌霄壯志，也如珠玉一般永遠沉埋，終究化為塵土。

這一生重情重義，原以為情之所繫義之所行，會成就值得追憶的美事，怎知用情行義當下就已注定徒勞，留下的只是不堪回首的悽惘而已。

七律五十六字，竟用了十一個入聲字：「瑟、十、一、一、蝶、託、月、日、玉、憶、只」，每句都藏入聲，以閩南語誦念，立即感受詩句一路綳緊在沉鬱憂蹙的情思中發而為急促之聲，嗚咽悲泣，如在瑟絃上連續撥出欲斷將裂的音符，卻在最後一個入聲「只」後，鬆手了，「當時已惘然」，放開情緒，鬱結變成鬆緩，「惘然」陽去陽平尾聲裊裊而去，彷彿靈魂已恢復平靜，回頭一嘆，歸返無盡的蒼茫裡，化入永恆的虛空中。

淒絕美絕，聲情意象情思達到登峰造極。〈錦瑟〉是刺鳥唱給仙界天帝聽的高亢美聲，也是你自撰的人間墓誌銘。無論是誰不管何時，誦讀此詩，不必求解，能直覺領受身世悲戚、理想幻滅、諸情虛無匯聚成的自傷遺恨。而恨，恨到極致接近忘，回顧中一念放手，如同網開一面，原諒了命運，讓個人悲劇消融在天地苦霧中，把空還給空。

作為讀者，讀此詩，遲了千年欠你的那顆眼淚，終於掉下來。

八五八那年並不平靜，嶺南、湖南、江西、宣州、安南……將領不是作亂就是暴斂，國之將亡必有群魔亂舞妖孽橫行，貪官奮力搜刮、逆將起兵謀叛、外患節節進逼，只有天災陪伴黎民百姓，多州暴雨水淹數萬戶，餓殍遍野，民怨泡在水裡誰也聽不見。聽不見沒關係，遲早看得見，此後民亂加劇，包括撼動帝國根本的黃巢之亂。

在這樣不可逆的局勢裡，春季時，柳老闆調為刑部尚書卸下鹽鐵轉運使，你同時辭去推官職務。身體已是風中殘燭的你心裡有數，飄泊已來到終點，你回到故鄉鄭州，十歲那年扶著父親的靈柩回鄉，現在換你要回到這一生的起點，投宿在寧靜裡。

故鄉的風吹拂你的病軀，閉著眼，一把瘦骨在榻上吞吐著最後氣息。忽然你聞到一陣木質芬芳，有人在耳邊喚你，溫柔的聲音何等熟悉，你睜眼，見到愛妻坐到床邊撫著你的額頭。拉起你的手。

「我來了！」她說。

「整七年不見……」你說。

原以為再見面會不相識，沒想到相見如昔，甚好甚好，你嘴角露出一笑。

窗外停著你想像過的七香車，妻子扶你走出門外，遠處瑞霞滿天，是個適合啟程的日子。

當你們坐上車，四十七歲的你清晰地看到，籠罩你一生的苦霧，終於散了。

1 見〈宿駱氏亭寄懷崔雍崔袞〉。

2 清朝出了兩個「隱粉」：「頭號黑粉」紀昀（一七二四——一八〇五）、「頭號鐵粉」張采田（一名爾田，一八七四—一九四五），兩人相隔一百五十年出生，卻為李商隱隔空駁火、炮聲隆隆——當然只能是張采田砲打紀昀——紀昀《玉谿生詩說》快評短評李商隱詩，有如今之網路直播聊天室或社群媒體留言，速讀快評，時有帶著偏見解詩甚至誤讀之處。張采田《玉谿生年譜會箋》則針對其評予以駁斥。舉例如下：

〈及第東歸次灞上却寄同年〉一詩，紀評：「致怨同年，語尤過激，義山蓋褊躁人也。」

張曰：「此蓋同年中相厚者未及話別，先之以詩，故措語皆深透一層，愈覺情意藹然，無所謂致怨過激之語也。紀氏不怪自己讀書草率，反譏義山褊躁，曾謂通人而如是乎？」

〈蜨〉一詩，紀評：「前四句俗甚，五六句亦纖。末二句不甚可解。」

張曰：「纖俗二字詆後人則可，詆玉谿則不可。紀氏於玉谿詩本不甚解，不恨自己學力未至，反歸咎古人，何其武斷不通若是耶？」

〈燕臺〉四首，紀評：「……亦自有一種佳處，但究非中聲耳。」

張曰：「……吾不知何等為中聲，此詩何以不協于中聲……蓋紀氏讀此種詩，莫名其妙，而又無疵可摘，故謬謂『自有一種佳處，但究非中聲』，真所謂強詞奪理矣。」張先生真的生氣了，反唇相譏：「噫，〈燕臺〉四章，柳枝聞而稱善，以紀氏之通人，而反不如當時一女子乎？吾不欲責之已。」最後一句翻成現今白話，就是「此人程度太差，我懶得罵他。」

〈臨發崇讓宅紫薇〉，紀評：「此與下〈及第東歸〉皆激烈盡情，少含蓄之旨，而此詩尤怨以怒。」、「此必茂元亡後而不協於茂元諸子而去也，其詞怨以怒。」（他誤讀了）

張曰：「紀氏不曉詩中命意，創為臆說，反譏其怨怒，直郢書燕說者矣。」類似此種嗆聲前人、隔空反駁之言俯拾皆是，是讀李商隱相關評論之「一大難受」也是「一大享受」！

3 見〈謝先輩防記念拙詩甚多異日偶有此寄〉，同期考上進士的謝防顯然很喜歡他的詩，記誦甚多，李商隱寄詩給他，談及創作心法：「曉用雲添句，寒將雪命篇。良辰多自感，作者豈皆然。熟寢初同鶴，含嘶欲並蟬。題時長不展，得處定應偏。南浦無窮樹，西樓不住煙。改成人寂寂，寄與路綿綿。星勢寒垂地，河聲曉上天。夫君自有恨，聊借此中傳。」

4 見〈過招國李家南園〉。

5 見施逢雨《細說李商隱》，聯經。

6 見〈令狐八拾遺綯見招送裴十四歸華州〉。

7 見〈贈鄭讜處士〉。

8 根據劉學鍇、余恕誠《李商隱詩歌集解》所附年表，生於憲宗元和七年（八一二），自十八歲進入天平節度使令狐楚幕府始，整理其主要履歷，以跟隨的府主或官署作標記，括號內依序為西元紀年、任職年紀、任職時間概數、離職原因。

（1）令狐楚：天平節度使令狐楚幕府（八二九年，十八歲，約三年。離職原因令狐楚內調）
（2）崔戎：華州刺史崔戎幕（八三三年，二十二歲，約一年。離職原因崔戎猝逝）
（3）王茂元：涇原節度使王茂元幕（八三八年，二十七歲，不及一年。離職原因授官）
（4）祕書省校書郎（八三九年，二十八歲，數月。降調）
（5）弘農尉（八三九年，二十八歲，約一年。辭職）
（6）周墀：華州刺史周墀幕（八四一年，三十歲，短期）
（7）王茂元：陳許節度使王茂元幕（八四一年，三十歲，數月。考書判拔萃、授官）
（8）祕書省正字（八四二年，三十一歲，任職數月，因母喪去職）
（八四五年，三十四歲，守喪期滿重回本職約一年五個月。離職原因應鄭亞聘）
（9）鄭亞：桂管觀察使鄭亞幕（八四七年，三十六歲，約一年。離職原因鄭亞被貶）
（10）盩厔尉留假京兆府參軍事（八四八年，三十七歲，約十個月。離職原因應盧弘止聘）
（11）盧弘止：武陵節度使盧弘止幕（八四九年，三十八歲，約一年四個月。離職原因盧弘止猝逝）
（12）太學博士：（八五一年，四十歲，數月。離職原因應柳仲郢聘）
（13）柳仲郢：東川節度使幕（八五一年，四十歲，約四年多。八五五年隨柳仲郢內調返京）
（14）鹽鐵推官：（八五六年，四十五歲，約一年。八五八年因病辭職）

宣宗大中十二年（八五八），辭鹽鐵推官，上班到生命最後一年。還鄭州，病逝。得年四十七歲。

9 見〈喜聞太原同院崔侍御臺拜兼寄在臺三二同年之什〉。

10 〈和劉評事永樂閒居見寄〉：「白社幽閒君暫居，青雲器業我全疏。看封諫草歸鸞掖，尚貴衡門待鶴書。蓮聳碧峰關路近，荷翻翠扇水堂虛。自探典籍忘名利，欹枕時驚落蠹魚。」此詩有兩派解法，一說「自探典籍忘名利，欹枕時驚落蠹魚」指劉評事閒居永樂鄉間名利兩忘，一說指自己退居守喪的處境。我採後者。

11 關於鄭亞的詩，有〈海客〉、〈自桂林奉使江陵途中感懷寄獻尚書〉、〈送鄭大台文南覲〉（鄭台文為鄭亞之子）、〈念遠〉、〈獻寄舊府開封公〉、〈故驛迎弔故桂府常侍有感〉等。

12 出自〈四皓廟〉：「羽翼殊勳棄若遺，皇天有運我無時。廟前便接山門路，不長青松長紫芝。」

13 見〈上尚書范陽公啟〉。

14 見〈北樓〉、〈思歸〉、〈高松〉、〈朱槿花〉、〈晚晴〉、〈深樹見一顆櫻桃尚在〉。

15 見〈詠懷寄祕閣舊僚二十六韻〉有句：「攻文枯若木，處世鈍如鎚。」

16 哀悼、思念妻子的作品除了〈房中曲〉，直接或間接相關的尚有：

〈相思〉，名句：「腸斷秦臺吹管客，日西春盡到來遲。」

〈王十二兄與畏之員外相訪見招小飲時余以悼亡日近不去因寄〉，名句：「更無人處簾垂地，欲拂塵時簟竟牀。」

〈辛未七夕〉，名句：「恐是仙家好別離，故教迢遞作佳期。」

〈七月二十九日崇讓宅讌作〉，名句：「悠揚歸夢唯燈見，濩落生涯獨酒知。」

〈崇讓宅東亭醉後沔然有作〉，名句：「聲名佳句在，身世玉琴張。」

〈昨夜〉，名句：「昨夜西池涼露滿，桂花吹斷月中香。」

〈西亭〉，名句：「梧桐莫更翻清露，孤鶴從來不得眠。」

〈夜冷〉，名句：「西亭翠被餘香薄，一夜將愁向敗荷。」

〈壬申七夕〉，名句：「已駕七香車，心心待曉霞。」

〈壬申閏秋題贈烏鵲〉，名句：「幾年始得逢秋閏，兩度填河莫告勞。」

〈七夕〉，名句：「爭將世上無期別，換得年年一度來。」

〈李夫人〉三首，名句：「壽宮不惜鑄南人，柔腸早被秋眸割。」

〈屬疾〉，名句：「多情真命薄，容易即迴腸。」

17 獻給杜悰兩首詩為：〈五言述德抒情詩一首四十韻獻上杜七兄僕射相公〉、〈今月二日不自量度輒以詩一首四十韻干瀆尊嚴伏蒙仁恩俯賜披覽獎踰其實情溢於辭顧惟疎蕪曷用酬戴輒復五言四十韻一章獻上亦詩人詠歎不足之義也〉。

18 見〈故番禺侯以贓罪至不辜事覺母者他日過其門〉，注家推斷「事覺母者」當作「事毋覺者」。題意：故番禺侯胡証因貪瀆被殺，其子胡溵受牽連家破人亡，此事無人察覺其無辜，他日，我經過他家門，有感而作此詩。詩末四句：「不見千金子，空餘數仞牆。殺人須顯戮，誰舉漢三章。」詩批判宦官專擅違法亂紀，朝廷律法蕩然，濫殺無辜。在政治腐敗肅殺風盛的氛圍裡寫這樣的詩，可謂有勇氣。

19 見〈過故崔兗海宅與崔明秀才話舊因寄舊僚杜趙李三掾〉，崔兗海，即崔戎。

20 出自五代孫光憲《北夢瑣言》，大意：唐宣宗時，相國令狐綯問溫庭筠某個典故，溫回答：「出自《莊子》」，又補上一句：「這不是什麼偏僻的書，希望您治理國事之餘，有空多讀點書。」令狐綯大怒。李商隱、溫庭筠、段成式風格相近，於當時被稱為「三十六體」。溫對待令狐綯的態度，相異於李商隱甚多。

21 陸士湄評〈偶成轉韻七十二句贈四同舍〉言：「俊快絕倫，不惟變盡豔體本色，且與〈韓碑〉各開生面，足見其才之未易量矣。」

22 見〈崇讓宅東亭醉後沔然有作〉。

23 見崔珏挽詩〈哭李商隱二首〉，其一：「虛負凌雲萬丈才，一生襟抱未曾開。鳥啼花落人何在，竹死桐枯鳳不來。良馬足因無主踠，舊交心為絕絃哀。九泉莫嘆三光隔，又送文星入夜臺。」

【讀一首李商隱詩】

〈燕臺四首〉其一　春

風光冉冉東西陌，幾日嬌魂尋不得。
蜜房羽客類芳心，冶葉倡條徧相識。
暖藹輝遲桃樹西，高鬟立共桃鬟齊。
雄龍雌鳳杳何許？絮亂絲繁天亦迷。
醉起微陽若初曙，映簾夢斷聞殘語。
愁將鐵網罥珊瑚，海闊天翻迷處所。

衣帶無情有寬窄，春煙自碧秋霜白。

研丹擘石天不知，願得天牢鑠冤魄。

夾羅委篋單綃起，香肌冷襯琤琤珮。

今日東風自不勝，化作幽光入西海。

文學叢書 742

一個人漫遊，古典森林
——遇見陶淵明、杜甫與李白、李商隱

作　　者　簡　媜
總 編 輯　初安民
責任編輯　陳健瑜
美術編輯　黃昶憲
校　　對　黃子庭　陳健瑜　簡　媜

發 行 人　張書銘
出　　版　INK 印刻文學生活雜誌出版股份有限公司
新北市中和區建一路249號8樓
電話：02-22281626
傳真：02-22281598
e-mail：ink.book@msa.hinet.net
網　　址　舒讀網http://www.inksudu.com.tw

法律顧問　巨鼎博達法律事務所
施竣中律師
總 代 理　成陽出版股份有限公司
電話：03-3589000（代表號）
傳真：03-3556521
郵政劃撥　19785090　印刻文學生活雜誌出版股份有限公司
印　　刷　海王印刷事業股份有限公司

港澳總經銷　泛華發行代理有限公司
地　　址　香港新界將軍澳工業邨駿昌街7號2樓
電　　話　852-27982220
傳　　真　852-27965471
網　　址　www.gccd.com.hk

出版日期　2024年 9 月　初版
ISBN　978-986-387-754-7
定價　450元

國家圖書館出版品預行編目資料

一個人漫遊,古典森林
／：遇見陶淵明、杜甫與李白、李商隱/簡媜作. –
初版. -- 新北市：INK印刻文學, 2024.09

面；　公分. -- (文學叢書；742)
ISBN 978-986-387-754-7(平裝)
1.CST: 中國文學 2.CST: 傳記
782.24　　113011350

舒讀網